MARÍA ISOLIETT IGLESIAS • DEIVIS RAMÍREZ MIRANDA

CAPÍTULO FINAL

El homicidio de

MÓNICA SPEAR

MARÍA ISOLIETT IGLESIAS • DEIVIS RAMÍREZ MIRANDA

CAPÍTULO FINAL

El homicidio de

MÓNICA SPEAR

Capítulo final. María Isoliett Iglesias • Deivis Ramírez Miranda

1ª edición: octubre 2014
© María Isoliett Iglesias © Deivis Ramírez Miranda
© Ediciones B Venezuela, S.A.
Calle Tiuna, entre Sanatorio y Miraima. Edificio Ramella, piso 2, local 6.
Urbanización Boleíta Norte, Caracas

Dirección editorial: Rubén Puente
Foto de portada: © Anibal Mestre
Diseño y diagramación: Abraham Sánchez Calanche
Diseño de portada: Abraham Sánchez Calanche

Impreso en Quad/Graphics Querétaro, S. A. de C. V.
ISBN: 978-607-480-726-4
Depósito Legal: lf97420l49002477

A Maya, por ser el pedacito de Mónica
y de Thomas Henry que quedó en este mundo;
y al resto de los familiares, por abrirnos
sus corazones a pesar de la tristeza
Los autores

A JP, a mis dos D y a Trucutrú por estos
diez años de pura solidaridad
María Isoliett Iglesias

A mi familia, a mi madre, que es mi
guía espiritual, y a mi amado Diego Andrés
Deivis Ramírez Miranda

Agradecimiento especial

A nuestro querido y respetado Gran Guerrero de la Luz: Oscar Medina. Gracias por tomarte el tiempo para hacerle las primeras correcciones a este libro.

Prohibido esperar respuestas. Prohibida la voluntad.
Prohibidas las discusiones. Prohibida la realidad.
Prohibida la libre prensa y prohibido el opinar.
Prohibido olvidar • Rubén Blades

Ligera de equipaje, como nube que pasa,
como agua que corre, como viento que sopla.
Mónica Spear

QUE EL OLVIDO NO TENGA LA ÚLTIMA PALABRA

Leonardo Padrón

El año 2014 ha sido un lapso particularmente convulso en un país que se ha ido acostumbrando al desasosiego. Entre los agobios reinantes hay uno que coloca una sombra cardinal sobre todos los recovecos del mapa: la inseguridad. La muerte anda de fiesta y sus oficiantes trabajan a un ritmo endemoniado abultando las estadísticas del duelo. El crimen ha montado su parque de atracciones en Venezuela. Somos un país donde las balas vuelan más que los pájaros. El año 2013 hizo historia con una pavorosa cifra de veinticinco mil muertes violentas. Todo esto en mitad de una vorágine política que tiende a crecer con los días. Se impone hacer un inventario de estos tiempos. Suficiente con la impunidad legal para también otorgarle protagonismo a la indiferencia. La justicia vive en algún lugar de nosotros mismos.

El año inició su desfalco muy temprano: el 7 de enero de 2014 el país se estremeció con la noticia del asesinato de Mónica Spear y Thomas Henry Berry, su esposo. En esta ocasión, la muerte no visitaba a una mujer anónima. Se trataba de una estrella del espectáculo, una reina de belleza, una indiscutible protagonista de telenovelas. No hubo hogar nacional donde su rostro no fuera cotidiano. Ya los televisores de otros países se rendían a sus pies. El crimen, por lo tanto, adquirió una resonancia que excedía la vasta rutina de los caídos. El estupor canceló las fronteras. En lugares tan remotos como Nueva Zelanda, Australia, Zambia o Kuwait el terrible suceso fue noticia. En los canales de televisión, en las emisoras de radio, en la prensa del planeta, su rostro se replicó con titulares luctuosos. La fama de Mónica Spear, ahora convertida en cadáver junto a su marido, develó al mundo el exterminio en cámara lenta que vivimos los venezolanos a manos del hampa. La conmoción se unió a las protestas que contra el régimen de Nicolás Maduro iban convirtiendo las calles en un polvorín. Para muchos, ese crimen fue uno de los grandes detonantes de una ira que se agitó en el asfalto durante meses provocando la mayor represión policial que ha sufrido el país en largo tiempo. La muerte de Mónica Spear y Thomas Henry, según el parecer colectivo, tenía que entrañar algún sentido.

Por eso resultaba imperativo que alguien fuera más allá de lo reseñado en el momento. El doloroso incidente no podía quedar sepultado bajo el clásico desdén que nos define. Siempre habrá una noticia que mudará a la otra al depósito de las novedades oxidadas. Justo para vencer esa premisa surgió este libro: *Capítulo final. El homicidio de Mónica Spear*, escrito a cuatro manos por María Isoliett Iglesias y Deivis Ramírez Miranda. Un exhaustivo y notable reportaje sobre los hechos que rodearon la funesta noticia que conmocionó a todos los venezolanos e hizo voltear la mirada del mundo hacia nuestras carreteras.

Es la misma María Isoliett Iglesias que ya ha escrito dos libros singulares donde ha codificado en crónica (*Y nos comimos la luz*) y ficción (*Me tiraste la hembra pa'l piso*) su experiencia como periodista de sucesos en *El Universal*, junto con Deivis Ramírez Miranda, otro diestro reportero que ha hecho de la fuente policial la comarca de su oficio como periodista. Esta vez, ambos decidieron embestir juntos la fatigante tarea de armar el rompecabezas del que es, sin duda, uno de los casos más resonantes de la historia criminal del país.

Cada página de este libro da cuenta del rigor investigativo de sus autores. Es un texto minucioso, pródigo en detalles y respuestas. Palmo a palmo fueron rearmando el capítulo final de una trágica historia de amor cuyo villano no es otro que el desarticulado país que tanto amaron. Porque es el país (sus gobernantes, sus electores, su sistema educativo, su agónica justicia) el que ha permitido que en sus entrañas se incuben talantes que no poseen respeto alguno por la vida humana. Criminales que parecen ostentar patente de corso para el desagüe de tanta sangre. En una nación donde la impunidad y la indolencia son la norma este es un libro necesario, impostergable.

Los periodistas bucearon largamente en los expedientes policiales, hablaron con los familiares de las víctimas, reconstruyeron con acuciosidad la víspera, la escena del crimen y el punzante duelo. Y, en un escalofriante capítulo que cierra el libro, nos dan testimonio de sus conversaciones con algunos de los culpables de este pavoroso crimen que tanto ha conmovido a la sociedad venezolana. Todo ha sido tejido con pericia y profusión de detalles. Todo: la vida de Mónica Spear, que reinaba en la ola de una carrera de éxito, fama y dinero; el perfil de Thomas Henry, que parecía apostar junto con ella por la recuperación de una gran historia de amor; la presencia de Maya, la hija, la sobreviviente, la de la bala alojada en su pierna de niña como un recuerdo indeleble y oscuro.

El libro, que en su estructura le hace guiños a un libreto de telenovela, divide en escenas y locaciones el hilo de la investigación. Confieso que como lector surqué sus páginas acompañado por un escalofrío perenne. Pesa notoriamente el hecho de que la última protagonización de una novela de Mónica Spear en Venezuela fue en *La mujer perfecta*, una historia que escribí en el año 2010. Yo quedé tan entusiasmado con su trabajo que pulsaba la aspiración de trabajar juntos de nuevo. Pero, imprevistamente, sobrevino el capítulo final de su vida. Un desenlace cruel y a deshora, inmerecido y sórdido, sobre todo tratándose de un ser humano calificado de especial por todos quienes la conocieron. En las telenovelas las protagonistas no deben morir. Pero en la vida real, Venezuela se ha hecho experta en llevarle la contraria a la felicidad.

Me permito repetir lo que en su momento, atascado de dolor por la muerte de Mónica Spear, alcancé a borronear: "Un país donde quepa la vida. Eso merecemos. En nombre de todas las Mónicas que matan diariamente en este corral de balas llamado Venezuela. Es totalmente inaceptable que la verdadera protagonista en este país sea la muerte".

Por eso insisto en la pertinencia de este duro libro. Porque es una sacudida a nuestra conciencia. Porque explora sin recato la mente de los espíritus criminales. Porque restaura el poder del periodismo de investigación. Y, sobre todo, porque es un libro obligatorio para que el olvido no tenga la última palabra.

NOTA DE LOS AUTORES

La noticia de los homicidios de Mónica y de Thomas Henry nos despertó ese martes 7 de enero. Cada uno la leyó en su casa, pero la sensación fue la misma: un susto que se quedó, horas, aferrado al estómago.

Mientras conocíamos los detalles, ese vacío se volvía inagotable. ¿Pero cómo hicieron eso? ¿Y cómo está la niña? ¿Con quién está Maya? ¿Cómo se lo van a decir? Pero si solamente tiene cinco años. Pero si eran tan jóvenes...

Ese día, a Deivis le tocaba cubrir el hecho en Puerto Cabello para el diario *El Universal*, y yo lo llamaba a cada rato para conocer detalles. Sentimos miedo, rabia, tristeza, compasión... un coctel que todavía se nos hace difícil describir. Hubo irregularidades que no se pudieron revelar en los medios de comunicación y que todavía, ahora, es difícil hacerlo; porque no hay cómo respaldarlas, pero ocurrieron.

Cuando en Ediciones B de Venezuela decidimos embarcarnos en este proyecto, todavía no se había cumplido el primer mes de aquel dantesco episodio. Así que intentamos comenzar nuestra investigación durante esos primeros días de febrero. Pero desde el 12 de ese mes, se nos hizo cuesta arriba salir de Caracas. La ola de protestas que se desencadenó en la capital, y que se desató luego en varios estados del país, nos mantuvo en jaque por varias semanas. Debíamos viajar a Puerto Cabello para buscar el expediente, a los investigadores, y para llegar al sitio del hecho... y para entender... Pero no pudimos hacerlo por esos días de lacrimógenas, piedras, perdigones y detenciones desmedidas.

Así que para adelantar, comenzamos a buscar desesperadamente a los familiares y a los amigos más entrañables de la pareja. Y aunque varios podían coincidir con nosotros en Caracas, fue titánico concertar encuentros. Pero lo logramos.

En otros casos, por distancias que no pudimos superar, tuvimos que apelar a las entrevistas telefónicas. El papá de Mónica, el señor Rafael Spear, nos regaló su historia, su dolor y el transcurrir de los días de Maya. También nos mandó los dibujos que ha hecho la niña desde que sus padres murieron. Son pinturas tan llenas de emoción que no necesitan figuras.

A los padres de Thomas Henry pudimos verlos en persona. Son unos seres humanos maravillosos. Extranjeros que se enamoraron perdidamente de Venezuela. Quieren al país más que cualquier mortal que haya tenido la fortuna de nacer en estas tierras. Tanto, que a pesar de haber perdido a su hijo mayor, y de que su hija menor viva en Escocia, ellos no se van; y no lo hacen, porque consideran un acto de cobardía huir sin dejar una solución a la crisis.

Los amigos de Thomas Henry fueron más receptivos que los de Mónica. Luis Carlos, Carlos y Francisco dedicaron más de dos horas a hablar de su hermano, de la vida a pesar del dolor. Sus historias fueron magníficas. El amor con el que hablaron solo definía a un ser humano inigualable. Creo que nosotros también lo aprendimos a querer un poco.

De los amigos de Mónica, no pudimos dar con muchos. Logramos hablar con Norkys Batista y su testimonio fue valiosísimo. Nos mostró a una mujer hecha a punta de sensibilidad. Un ángel que conoció y que nos dibujó sin tapujos.

Elba Escobar, por su parte, nos hizo admirar a una Mónica que, en sus palabras, "ocurría". Elba nos paseó por el set de grabación de *La mujer perfecta*, la telenovela de Leonardo Padrón que protagonizó Mónica en *Venevisión* y en la que encarnó a una joven con síndrome de Asperger, y pudimos ver su entrega, su pasión, su piel...

Lamentamos que Lorena Scott, la mánager y amiga de Mónica desde sus inicios en *RCTV*, no haya podido colaborar. Sentimos que su testimonio hace falta en estas líneas para dibujar completamente a esa Mónica amiga, servicial, solidaria... buena madre.

El trabajo que hicieron periodistas de medios como *Últimas Noticias*, *El Nacional*, *Notitarde*, *El Carabobeño*, *La Verdad* (Zulia), *Panorama*, *Venevisión* y *Televen* fue maravilloso. Los utilizamos de apoyo para completar huecos en la construcción de la investigación.

Pudimos leer el expediente que guarda el paso a paso de la investigación policial, porque en marzo conseguimos llegar a Puerto Cabello en un viaje relámpago para que no nos agarraran las barricadas vespertinas.

Ya en abril logramos conversar con cuatro de los diez detenidos por el doble homicidio. Y fue revelador. Ellos contaron la verdad. Su verdad. Y fue escalofriante. Algunos se atribuyeron el hecho, otros aseguraron haberse conocido en la propia cárcel de El Rodeo II.

Pasearnos por esta historia no fue fácil. Le dedicamos varios meses a la investigación, otro a las transcripciones de las entrevistas que hicimos, y otro más a construir la historia. Quizás esa premura no nos dejó sentir suficiente; y sin embargo, al releer el producto final nos quedamos con esa misma sensación que nos despertó aquel 7 de enero: un susto que se quedó horas aferrado al estómago.

ESCENA 1

**EXTERIOR.
KILÓMETRO 194.
AUTOPISTA VALENCIA-
PUERTO CABELLO.
NOCHE.**

La mujer de vestido vaporoso y corto alzó sus brazos con desesperación y en medio de aquella oscuridad espesa pidió ayuda. Necesitaba que el chofer de esa grúa milagrosa ayudara a su esposo a cambiar el caucho que había estallado unos cien metros atrás. Eran las 10:05 de la noche del 6 de enero de 2014 y se habían quedado varados en el peor lugar posible.

El chofer se detuvo un poco más adelante, como si hubiese decidido ayudarla luego de superar rápidos espasmos de duda. Luis Sarco, el gruero, y Jorge Abad, el ayudante, se bajaron apurados. Estaban nerviosos y no tuvieron tiempo de reconocer a la mujer que les había pedido ayuda: Mónica Spear, la actriz.

La zona donde ella, su esposo y su hija de cinco años, se quedaron accidentados, se llama El Cambur y da miedo. Es negrísima en la noche, y tiene un bosque incipiente a la orilla del camino que sirve de guarida a maleantes. Además, está trazada por barrios e invasiones que convirtieron el perímetro en un criadero de criminales. Son unos diez kilómetros de accidentes premeditados, de robos planificados, de muertes y de pistolas inquietas.

El gruero y su ayudante lo sabían. Por eso insistieron en que era mejor montar el Corolla gris en la plataforma y llevarlo unos kilómetros más adelante, cerca del campamento de la Guardia Nacional. Allí podían estar más seguros. Luis y Jorge presumían que aquella llanta explotada no había sido un accidente fortuito. Los autores intelectuales debían estar sorteando maleza, y enramados, para alcanzarlos. Los arbustos y la noche eran los mejores cómplices.

Mónica y Thomas Henry Berry, su esposo, regresaron al carro. Ella se acomodó en el puesto del copiloto. La hija de ambos estaba acurrucada en el asiento de atrás, dormida. Su cabeza estaba apoyada sobre una almohada de colores y estaba protegida por el respaldar del asiento que ocupaba su padre.

Enganchar y arrastrar el automóvil hasta el chuto de la grúa era la tarea de siempre. Pero esta vez había miedo. Prisa. Ganas de terminar rápido. Se dividieron el trabajo. Uno bajó los rieles por donde subiría el carro y el otro enganchó los cauchos. Luis Sarco caminó hasta el panel de control para activarlo y subir el carro accidentado. El ayudante, chequeaba. A Thomas Henry simplemente le tocó quitar el freno de mano.

Cuando ya estuvo arriba, el gruero apagó los controles y aseguró el vehículo. Jorge, por su parte, comenzó a guardar los rieles.

—¡Quietos!

Una voz sin rostro salió desde las fauces de aquel matorral, cuyo camino insinuaba una protuberancia en la tierra que además se hundía en la oscuridad.

—¡Quieto! Esto es un asalto.

Repitió.

Silencio.

De pronto, las órdenes se transformaron en centellazos fugaces y en explosiones secas, repetidas, ensordecedoras, que intentaron detener al hombre que comenzó a correr por la autopista para huir del asalto: Luis, el gruero.

Jorge se lanzó al piso y se protegió en la cuneta.

Mónica, Thomas Henry y Maya se convirtieron en un escudo improvisado entre el hombre que corría y el pistolero.

ESCENA 2

INTERIOR.
SEDE DEL CICPC
PUERTO CABELLO.
DÍA.

Puerto Cabello, 7 de enero de 2014.

En esta misma fecha, siendo las 8:30 horas de la mañana... Encontrándome en la sede de este despacho, se presentó previo traslado de comisión, un ciudadano quien dijo
ser y llamarse como queda escrito: LUIS SARCO, (LOS DE-
MÁS DATOS FILIATORIOS SERÁN RESERVADOS ME-
DIANTE ARTÍCULO 23 DE LA LEY DE VÍCTIMA, TESTI-
GO Y DEMÁS SUJETOS PROCESALES), quien manifestó
no tener impedimento alguno en rendir entrevista en las
actas procesales signadas con el número K-14-0114-0048,
instruido ante este despacho por unos delitos contra las
personas (doble homicidio), por lo que en consecuencia
expone:

"Bueno, resulta ser que yo me encontraba trabajando
como gruero en la ruta Valencia-Puerto Cabello y vicever-
sa, cuando iba por la altura del Cambur a eso de las 10:30
de la noche, observo a un carro que estaba accidentado y
una señora que estaba haciéndome señas que me detuvie-
ra para auxiliarlos, entonces yo me bajé de la grúa con el

ayudante y le dije que qué había pasado y me contó que se habían quedado espichados y estaban buscando un caucho de repuesto, pero yo le dije que no podíamos estar aquí porque era una zona muy peligrosa donde robaban mucho a las personas... cuando estaba terminando de poner los zunchos para asegurar, y mi ayudante guardando las ramblas, se escucharon varios tiros desde el monte y yo salí corriendo por la autopista para salvar mi vida, entonces corrí hasta una valla que está en la autopista y allí me quedé asustado porque no sabía qué le había pasado a esas personas y a mi ayudante, entonces pasaron como treinta minutos y llamé a un compañero que estaba en el peaje de Valencia para que le avisara a la policía de lo que estaba pasando, entonces él como pudo se trajo a unos policías de la Nacional y cuando llegamos estaba mi ayudante sano y salvo y le pregunté que qué pasó y lo único que me dijo fue es que le habían dado muchos tiros al carro donde estaban esas personas montadas, y cuando la policía revisa el carro estaba una niña llorando y tenía sangre en la pierna y la pudieron sacar del vehículo, pero la señora y el señor estaban muertos, dijeron los policías, después empezó a llegar la Guardia y más policías y por último llegó la PTJ. Es todo. SEGUIDAMENTE, EL FUNCIONARIO RECEPTOR DECLARA AL ENTREVISTADO DE LA SIGUIENTE MANERA. PRIMERA PREGUNTA: Diga usted: lugar, hora y fecha de los hechos que hoy acontecieron. CONTESTÓ: "Eso fue en la población del Cambur, sentido Puerto Cabello-Valencia, vía pública, parroquia Democracia, a eso de las 10:30 de la noche de ayer 06-01-2014, Puerto Cabello, estado Carabobo". **SEGUNDA PREGUNTA:** Diga usted: ¿tiene conocimiento de si alguna persona se percató de este hecho? **CONTESTÓ:** "Sí, mi ayudante de nombre: Jorge Abad, y él se encuentra en la sede de este despacho". **TERCERA PREGUNTA:** Diga usted: ¿tiene conocimiento de quiénes fueron los autores materiales del hecho? **CONTESTÓ:** "No sé". **CUARTA PREGUNTA:** Diga usted: ¿su persona logró observar algún sujeto que salió entre la maleza disparando? **CONTESTÓ:** "No, porque ellos dispararon desde el monte y yo salí corriendo". **QUINTA PREGUNTA:** Diga usted: ¿primera vez que a su persona le ocurre un hecho como este? **CONTESTÓ:** "Sí, primera vez que me ocurre esto". **SEXTA PREGUNTA:** Diga usted: ¿tiene conocimiento de si los vehículos fueron despojados de algunas pertenencias? **CONTESTÓ:** "No sé". **SÉPTIMA PREGUNTA:** Diga usted: ¿tiene conocimiento de cuántos disparos escuchó su persona? **CONTESTÓ:** "Como veinte disparos escuché cuando yo salí corriendo". **OCTAVA PREGUNTA:** Diga usted: ¿su persona y su ayudante salieron lesionados? **CONTESTÓ:** "No". **NOVENA PREGUNTA:** Diga usted: ¿su persona transita siempre en esa dirección? **CONTESTÓ:** "Sí, esa es mi ruta desde el peaje de la entrada de Valencia hasta el peaje de Taborda de Puerto Cabello". **DÉCIMA PREGUNTA:** Diga usted: ¿siempre ocurren hechos similares de robo y homicidio en esta autopista? **CONTESTÓ:** "Sí, cada vez que está una persona accidentada en la autopista, la roban y hasta la matan por el simple hecho de no dejarse robar". **DÉCIMA PRIMERA PREGUNTA**: Diga usted: ¿su persona no ha escuchado algún nombre de los sujetos que tienen azotada dicha autopista? **CONTESTÓ**: "No". **DÉCIMA SEGUNDA PREGUNTA**: Diga usted: ¿tiene conocimiento de quiénes fueron las personas asesinadas? **CONTESTÓ**: "No". **DÉCIMA TERCERA PREGUNTA**: Diga usted: ¿desea agregar algo más a la presente entrevista? **CONTESTÓ**: "No. Es todo".

Luis ha sido gruero durante dos lustros, siempre por cuenta propia. La ruta que durante cada uno de esos años recorrió fue la que especificó en el interrogatorio: desde el peaje de Valencia hasta el de Taborda. Nunca ofreció servicios fuera de esos cincuenta kilómetros, a menos que algún particular necesitado lo contactara y por teléfono pidiera sus servicios.

Nunca ha cumplido un horario. De acuerdo a los menesteres familiares planificaba su día y su noche.

Antes del interrogatorio que quedó registrado en el expediente que los efectivos del Cuerpo de Investigaciones Científicas Penales y Criminalísticas armaron y dieron a la Fiscalía, Luis conversó con los policías. El contenido no está soportado en ningún documento; por lo tanto, queda a merced de desmentidos. Sin embargo, en ese encuentro informal, Luis habría, entre otras cosas, negociado con los investigadores: colaboraría con la ubicación de los maleantes que habían atacado a tiros. A cambio, los detectives no registrarían que él pudo haber estado armado para cuando los seis desadaptados comenzaron a disparar.

Sin embargo, en el documento no existe otro reporte de armas. Solo está el informe de la pistola utilizada por los seis criminales que esa noche emboscaron, dispararon, mataron y robaron.

ESCENA **3**

**INTERIOR.
SEDE DEL CICPC
PUERTO CABELLO.
DÍA.**

Puerto Cabello, 7 de enero del año 2014.

Encontrándome en este despacho, compareció previo traslado, el ciudadano: Jorge (LOS DEMÁS DATOS FILIA-TORIOS SERÁN RESERVADOS MEDIANTE ARTÍCULO 23 DE LA LEY DE VÍCTIMA, TESTIGO Y DEMÁS SUJE-TOS PROCESALES), a fin de rendir entrevista en las actas iniciadas bajo el número de expediente K-14-0114-00048, por uno de los delitos contra las personas (doble homicidio), quien en consecuencia expone:

"Vengo ante esta sede policial, a fin de informar que el día de ayer lunes 06-01-14, a las 10:00 horas de la noche, nos desplazábamos por la autopista Valencia-Puerto Cabello, ya que soy ayudante de una grúa, antes de llegar al puente El Cambur, vemos que estaba accidentado un vehículo marca Toyota, modelo Corolla, color gris, y afuera una señora nos hacía señas para que nos estacionáramos. El chofer de la grúa se paró y retrocedimos para auxiliarlos. Una vez que llegamos, observamos que se trataba de una pareja y una niña, y nos dijeron que se les había explotado un caucho y querían cambiarle el repuesto, el chofer les dijo que era mejor remolcarlo hasta el peaje porque esa zona era peligrosa, una vez que le estábamos pegando los ganchos se escucharon varios disparos, y yo me tiré en la cuneta de la autopista, al rato me llegó un chamo y dijo: 'Aquí está uno', y me comenzó a revisar y me quitó la cartera y me dio varios golpes, pasados varios minutos escucho que el chofer me estaba llamando y salí y pude ver que ya estaban con unos policías nacionales que habían llegado a bordo de otra grúa, cuando vamos a ver el carro que habíamos auxiliado, estaba la señora y el señor dentro del carro sin vida, y la niñita estaba llorando, llamaron al Cicpc quien fue que hizo el levantamiento de cadáveres".

Jorge, luego de haber declarado su brevísima versión de los hechos, fue interrogado. Trece preguntas que buscaron confirmar los pocos detalles que había aportado. Pero no hubo mucho más que decir: los rostros de las personas a quienes pretendieron auxiliar eran completamente anónimos; era la primera vez que pasaba por un robo en esa autopista; no podía dar detalles de los maleantes porque no alcanzó a verlos, y presumió que la pareja no estaba armada. Ninguna de las preguntas buscó precisar si el gruero, o él, llevaban algún tipo de armamento para defenderse, a pesar de que los dos aseguraron que la vía, que con frecuencia recorrían, suele ser de las más peligrosas del país.

ESCENA 4

EXTERIOR. AUTOPISTA VALENCIA-PUERTO CABELLO. NOCHE.

Los cuatro funcionarios que estaban de guardia el lunes 6 de enero salieron rumbo a la autopista Valencia-Puerto Cabello. Una llamada, atendida en la subdelegación del Cicpc de Puerto Cabello a las 10:30 de la noche, los alertó de un hecho recién ocurrido en el kilómetro 194: un doble homicidio.

La policía científica fue la última en llegar.

No está claro qué cuerpo de seguridad fue el que arribó primero a la escena del crimen para preservarla.

Cuando Jorge Abad declaró ante los funcionarios de la policía científica, dijo que los primeros en prestar apoyo fueron los de la Policía Bolivariana. A ellos los contactó el amigo con el que Luis Sarco, el gruero, se comunicó luego de huir del tiroteo.

Sin embargo, otras páginas del expediente, que fue entregado a la Fiscalía, dan cuenta de que el primero en llegar fue el supervisor jefe de la policía del estado Carabobo, Ángel Pérez. Su placa lo identificó como el oficial número 0878. Este uniformado fue quien recibió a los detectives de la policía científica y los puso al corriente de lo que había encontrado.

En el asiento del piloto yacía Thomas Henry. La mitad de su cuerpo se había quedado atorado en la zanja que separa ambas butacas delanteras, como si se hubiese esforzado para pasar aquel metro con noventa centímetros de humanidad hacia la parte de atrás del habitáculo. Pero solo su brazo logró completar el recorrido y su torso quedó inerte tras el asiento del copiloto.

A su lado estaba Mónica. Ella perdió la vida primero que él. Cayó sobre las piernas de Thomas Henry y ya no pudo levantarse más.

Maya estaba detrás. Acostada. Nunca se levantó, ni gritó mientras duró todo aquel horror. Los asesinos ni la vieron. Para ellos, en el carro solo estaba aquella pareja anónima.

La niña se incorporó cuando ya se habían ido. Comenzó a llorar porque le dolía la pierna derecha. Sangraba.

El supervisor jefe de la policía del estado Carabobo escuchó el llanto y socorrió a la niña. Los oficiales que estaban con él la llevaron hasta el hospital Adolfo Prince Lara de Puerto Cabello. Allí fue atendida por la doctora que estaba de guardia, Maigualida Pérez, pediatra puericultor registrada en el Ministerio de Salud con el número 53069 y en el Colegio Médico con el 6228.

La bala que hirió a Maya se alojó en la pierna. Los estudios que se le realizaron arrojaron que no era necesario, por el momento, extraer el proyectil. Mientras estuvo en el sanatorio, su evolución fue rápida y satisfactoria.

La inspección que los detectives de la policía científica hicieron en el lugar duró hasta pasada la media noche. Colectaron los documentos de Thomas Henry, la partida de nacimiento de Maya, los casquillos que quedaron atrapados en la carrocería y en los asientos del Toyota Corolla, una concha de bala con las siglas CAVIM (Compañía Anónima Venezolana de Industrias Militares) y otra más sin siglas, ambas dispersas en el asfalto, y algunas impresiones de pisadas que quedaron estampadas hacia los bordes del chuto de la grúa.

Intentaron hacer un recorrido rápido por la loma que marcaba el camino de entrada y salida, de una caverna boscosa y oscura por donde habían llegado los maleantes, y desde donde dispararon. Pero allí no consiguieron nada. Las únicas huellas de balas estaban en el asfalto y en las carrocerías del Toyota y de la grúa.

Después se dispusieron a preguntar por las personas que pudieron haber visto lo ocurrido y allí dieron con los testigos: Jorge Abad y Luis Sarco. Tomaron sus datos y una declaración preliminar. Y de inmediato fueron llevados hasta la subdelegación del Cicpc en Puerto Cabello, para interrogarlos cuando las diligencias más urgentes estuvieran ya completadas.

Luego de fotografiar y enumerar evidencias y anotar detalles importantes, los cuerpos de Mónica y de Thomas Henry fueron sacados del carro. Los acostaron sobre frías camillas de aluminio y realizaron, como ya es rutina, una revisión previa para reportar las pertenencias ubicadas, colectar más indicios y hacer un análisis previo del número de heridas.

Primero examinaron el cuerpo de Thomas Henry y dejaron constancia de que vestía una chaqueta de color azul, un pantalón tipo mono de color verde y zapatos deportivos. Luego procedieron a desnudarlo para guardar la ropa como evidencia. Después registraron las características físicas: "piel blanca, cabellos crespos y de color castaño claro, cara alargada, ojos grandes y de color azul, cejas pobladas largas, nariz grande, boca grande, labios gruesos, orejas adosadas, barba y bigote escasos, de estatura aproximada un metro ochenta y cinco centímetros y de treinta y nueve años de edad".

Lo identificaron con el nombre escrito en los documentos que había en su billetera: Berry, Thomas Henry. Luego imprimieron las huellas dactilares en una hoja para confirmar, tras varios análisis, si coincidían o no con la del papel de identidad.

Luego inspeccionaron el cuerpo de Mónica. Ella tenía un vestido corto, casual, sin mangas, de muchos colores, aunque predominaba el violeta, y una prenda íntima tipo boxer, donde fue ubicado su teléfono celular.

La describieron así: "piel blanca, cabellos largos, crespos y de color negro; cara ovalada; ojos grandes y de color negro; cejas depiladas; nariz respingada; boca grande; labios gruesos; orejas adosadas; contextura delgada; de un metro ochenta centímetros de estatura y de veintinueve años de edad".

Para identificarla utilizaron el nombre y la cédula registrados en la partida de nacimiento de la niña.

Después, ambos cadáveres fueron llevados a la morgue de Puerto Cabello, ubicada en el mismo sanatorio donde atendieron a Maya: hospital Adolfo Prince Lara. El doctor Ángel Galíndez, médico forense de guardia, fue el responsable de verificar las heridas que presentaban los cuerpos.

Primero examinó el cadáver de Thomas Henry. En la revisión solo encontró una herida "en la región subclavicular izquierda, con entrada sin salida".

Luego el turno fue para Mónica: "Dos heridas circulares en la región glútea izquierda, dos heridas en la región de la pared posterior de la región axilar derecha, dos heridas en la cara anterior del brazo derecho".

Pero en ese departamento de la Coordinación de Ciencias Forenses solamente se podía realizar una revisión externa de los cadáveres. Nada más.

Cuando ya estuvieron listos los trámites en el hospital

Adolfo Prince Lara, los cuatro detectives de la policía científica regresaron a la subdelegación de Puerto Cabello para terminar de cumplir con el manual de diligencias preliminares que deben realizarse ante un homicidio. Desde el despacho, uno de los policías llamó a la oficina que se encarga de verificar posibles registros o solicitudes. Las placas del Toyota Corolla y de la grúa no arrojaron ninguna irregularidad en el sistema. Después decidieron verificar el número de cédula que estaba escrito en el documento de identidad que encontraron en la billetera de Thomas Henry. No encontraron registros, ni solicitudes. De la joven solo tenían el número de documento que estaba en la partida de nacimiento de Maya. Lo verificaron y obtuvieron el mismo resultado: nada.

Más tarde se tuvo que planificar una nueva logística para que los cuerpos de Mónica y de Thomas Henry fueran trasladados hasta la morgue de Valencia –dispuesta en la Ciudad Hospitalaria Doctor Enrique Tejera– con el fin de hacerle aquella inspección obligatoria y exhaustiva a cada uno de los cadáveres. La falta de dotación, y también de personal, en Puerto Cabello, volvían titánica la tarea.

Pasado el mediodía de ese interminable 7 de enero, y después de que los deudos hicieran el reconocimiento de los fallecidos en la morgue de Puerto Cabello, las autoridades mudaron los cadáveres. Ya en Valencia, se dispusieron a practicar las autopsias de cada uno. Cada cual duró poco más de hora y media. Fueron minuciosos. Y debían serlo. Sobre el doble homicidio recaería la prueba más contundente de que la eficiencia de los veintiún planes de seguridad, reciclados y reinventados durante dieciséis años, era solo un burdo espejismo.

ESCENA 5

EXTERIOR.
ITALIA-CARACAS-
PUERTO CABELLO.
MADRUGADA.

Desde el hospital Adolfo Prince Lara tuitearon que a ese centro asistencial había ingresado una niña con una herida de bala en su pierna derecha y que decía ser hija de Mónica Spear. Era de madrugada.

La noticia se convirtió en eco y una fan de Mónica la leyó en Italia. Ella ya había contactado hacía tiempo a familiares de la actriz en Caracas para hacerle llegar algunos regalos y mensajes que, desde Europa, insistían en mandar.

Así que la consternación la empujó a hundirse en las redes sociales para indagar. En plena faena consiguió certezas y decidió contactar a las personas con las que había podido hablar tiempo atrás.

La ominosa noticia repicó con fuerza a las 3:10 de la mañana del 7 de enero en el apartamento de Dianela Corrie Spear y de su esposo Manuel Vega, los primos de Mónica. Aquella chica contaba con estupor lo que había leído.

Con la incertidumbre estampada en los huesos, los familiares de Mónica escucharon, dieron las gracias y decidieron llamar a los papás de Thomas Henry. A eso de las 3:30 de la mañana se oyó el mismo timbre intenso, agudo, alarmante, cruel...

—El esposo de la prima de Mónica nos llamó y nos dijo que debíamos ir a Puerto Cabello porque había sucedido un accidente y no sabíamos qué esperar. Y en la vía fue que nos contó que no pudo decirnos, nada, antes.

Carole Berry, la mamá de Thomas Henry, tiene la mirada viva y pura como el azul que la pinta. Es blanquísima. De sonrisa franca. De temple inquebrantable. De lágrimas escondidas. De voz suave y cálida. De español accidentado. De nacionalidad británica. Y de corazón venezolanísimo.

Ella, además de justicia, busca respuestas: las que no pudo hallar en las ocho horas que estuvo en Puerto Cabello con su nieta, su esposo y los primos de Mónica.

Los cuatro fueron los primeros familiares que llegaron a darle la cara al horror. Carole y Dianela se quedaron en el hospital con Maya; Thomas, el papá de Thomas Henry, y Manuel, se fueron hasta la subdelegación del Cicpc.

Cada grupo fue testigo de cómo la escasez, la improvisación y la falta de voluntad se dejan ver, químicamente puras, cuando hay que enfrentar las secuelas de una epidemia sin cura: la inseguridad.

—Cuando llegamos al hospital, Maya estaba dormida. Había tanta gente encima de ella. La doctora, la señora que limpia, todos. La gente en ese lugar estaba tratando de hacer lo mejor posible para mi nieta.

Mientras estuvieron allí tuvieron que apoyar y salir del centro asistencial para completar los análisis que Maya necesitaba. Muestras de sangre salieron y regresaron. La comida hubo que buscarla afuera. Y se tuvieron que agilizar trámites para que los representantes de la Ley Orgánica de Protección del Niño, Niña y Adolescentes autorizaran la custodia temporal a estos únicos familiares en el país.

—¡Hubo tanto que hacer! El personal del hospital estuvo haciendo esfuerzos realmente heroicos y no solamente para nosotros, sino para todos los que estaban allí.

Y sí, debió ser heroico atender las emergencias de esos días sin agua. Los grifos del hospital Adolfo Prince Lara solo escupían aire y breves gotas impulsadas por el vacío.

—Yo pedí ir al baño en el hospital. Y se empezaron a mirar a la cara. Luego me dijeron que podía ir a "eso, por allá". Alguien me llevó y cuando llegamos a "eso, por allá", me dijo que esperara porque me iba a buscar papel. A los pocos minutos regresó con el papel y me dijo: "disculpe, aquí somos pueblo. Esto no es como Caracas". Yo le dije que okey, que no importaba que yo lo que necesitaba era ir al baño. Y en efecto, no había agua de chorro, aunque sí me dieron un poquito para lavarme las manos.

Entre fuetazos de realidad, Maya despertó. Reconoció rápidamente a su abuela y a la prima de su mamá. Su ánimo no se amilanó ni siquiera por los espasmos de dolor que llegaban cuando el efecto del calmante desaparecía.

Ella le contó a su abuela que la herida que tenía en la pierna había sido un botellazo que sin querer le había dado su mamá. Luego explicó que sus padres se quedaron dormidos frente a ella.

—También me dijo: ese muchacho de ahí tiene fiebre, y no sé por qué ese bebé de ahí grita tanto. Como siempre, ella pendiente de los otros.

Por su parte, Thomas y el esposo de la prima de Mónica se ocuparon de completar las diligencias con los policías. Justo cuando ya amanecía, ambos rendían declaraciones de cómo se enteraron de lo ocurrido. Con quince minutos de diferencia fueron interrogados para aportar, además, detalles de la vida de ambas víctimas fallecidas.

En ninguna de las dos actas quedó reflejado que la noticia comenzó a circular por Twitter desde la misma noche del hecho.

Hora y fecha: 6:30 de la mañana del 7 de enero de 2014.

"Bueno, yo me encontraba en mi residencia ubicada en Santa Fe, Caracas, municipio Baruta, cuando recibí una llamada telefónica de parte de un funcionario de Homicidios del Cicpc de Puerto Cabello informando que Mónica Spear, quien es prima hermana de mi esposa, en momentos en que venía con su pareja de nombre Thomas Henry y su niña Maya Berry Spear, de la ciudad de Mérida, su vehículo se accidentó en la autopista Valencia-Puerto Cabello, cerca del sector El Cambur, allí les llegó una grúa para tratar de ayudarlos, llegando posteriomente varios sujetos armados y en vista de que estos se resistieron al robo, le efectuaron múltiples disparos y los dejaron malheridos dentro de su vehículo, en donde fallecieron posteriormente, y la niña recibió un impacto de bala en la pierna derecha siendo trasladada posteriormente por funcionarios de la policía de Carabobo hasta el hospital Prince Lara en donde se encuentra estable, por lo que me vine a este despacho para ser entrevistado, es todo".

Después de su exposición se le hicieron diez preguntas. Todas buscaban retratar un perfil resumido de los hábitos y últimos planes de las víctimas. Establecieron el recorrido que hicieron, dónde vivía cada uno de ellos, supieron con certeza que ninguno de los dos era consumidor habitual de alcohol u otras drogas, y hasta se aseguraron de que el carro no presentaba ninguna falla mecánica que pudiera ocasionar el accidente. El interrogatorio parecía buscar responsabilidades, no respuestas. Como si la culpa de todo aquel hecho tenebroso pudiera endilgársele a Thomas Henry y a Mónica, por haber osado detenerse en aquella afilada vía.

Cuando los interrogatorios estuvieron listos, los policías entregaron a los deudos aquellas pocas pertenencias que no representaban importantes hallazgos para comenzar de lleno con la investigación. Thomas, un hombre altísimo, de mirada dulce e ingenua, de voz añeja, de marcado acento inglés y de rostro honesto y cortés, cargó con ropa, almohadas y sábanas. Y mientras salía de la subdelegación con aquellas telas enrolladas en sus brazos, sin remedio, miró a la impotencia directo a los ojos y solo pudo invocar a la rabia.

★★★

Desde la subdelegación del Cuerpo de Investigaciones Científicas Penales y Criminalísticas, Thomas y el esposo de la prima de Mónica salieron rumbo a la morgue de Puerto Cabello. Allí debieron reconocer los cuerpos de Thomas Henry y de Mónica. La imagen fue cruda, oscura, desoladora, indigna... Era una desnudez fría y dolorosa.

Después resolvieron trasladar a Maya hasta el Centro Médico Docente La Trinidad en Caracas, donde permanecería un par de días más, en observación y en sus primeras consultas psicológicas.

Por su parte, Rafael Spear, su abuelo materno, desde Orlando hizo gestiones; y la empresa donde él trabaja, Siemens, le prestó apoyo y contactó a un grupo de escoltas en Caracas para que se ocuparan de la seguridad de la niña mientras lograban llegar para hacer frente a aquella pesadilla.

ESCENA 6

EXTERIOR.
CARACAS-ORLANDO.
CARACAS-MIAMI.
DÍA.

La noticia gritó en la casa de los papás de Mónica a las 6:05 de la mañana del 7 de enero. Fue un ruido punzante, antipático y despreciable. Fue el despertador de ese día.

El televisor del cuarto del matrimonio Spear Mootz está programado para encenderse automáticamente. Ese 7 de enero no fue la excepción. Puntual, iluminó la imagen. Rafael Spear escuchó el sonido y la luz de la pantalla lo arrastró hacia ese momento inexacto en el que ni estamos dormidos, ni tampoco estamos despiertos.

Mientras se dejaba llevar en esa especie de limbo cotidiano, tomó el control remoto y sintonizó el canal que transmite noticias de Venezuela. Una costumbre que no se permitió obviar ni siquiera ese día de cumpleaños que apenas comenzaba.

Al sintonizarlo ya había llegado al destino: la conciencia absoluta. Así que no hubo equivocación. La segunda noticia que el periodista narraba a las cámaras era la de los homicidios de Mónica Spear y de su esposo Thomas Henry Berry. Un grito. Una negación infinita, que nacía desde las mismísimas entrañas, despertó de un tirón a Inge Mootz, su mujer, que todavía dormía a su lado.

El jolgorio por el nuevo año de vida quedó ahogado. La mañana solo estuvo llena de preguntas amargas, de incertidumbre ácida, de llamadas saladas, de lágrimas heladas, de apuros grumosos.

La única certeza que había esa mañana era la de volar a Venezuela lo más pronto posible. Maya era la prioridad.

Rafael Spear e Inge Mootz debían llegar a Caracas. Eso estaba claro. Tres mil dólares costaron los pasajes. Pero el único vuelo que consiguieron los dejaba en Maiquetía dos días después. La desesperación erupcionaba.

Para ganar tiempo, Rafael comenzó a buscar todos los documentos que tuviera de Mónica: partidas de nacimiento, notas de la universidad, copias de pasaportes, lo que hubiera, pues quizás servirían para algún trámite legal en Caracas.

A las 11:15 de la mañana llegó un mensaje al teléfono de Rafael. Era de un familiar: "Rafa, te va a contactar un militar disponiendo un jet para ir a Venezuela".

Un rato más tarde se cumplió el aviso. Un capitán destacado a Citgo, filial de la petrolera venezolana en Estados Unidos, contactó al padre de Mónica, y entre condolencias le puso a la orden un jet privado para que a la hora que quisiera, y con las personas que dispusiera, viajara a Caracas para ocuparse de las exequias de su hija.

Rafael Eduardo, el hermano mayor de Mónica, estaba atrapado en un fuerte congestionamiento vehicular entre Columbus y el aeropuerto de Indiana. Su desesperación hervía. Necesitaba alcanzar a sus padres para irse juntos hasta Caracas.

Entre cornetazos, pensamientos atormentados y una lentitud infinita, sonó el timbre del teléfono. El presidente de Cummins Inc., la corporación donde trabaja Rafael Eduardo, lo contactó para ofrecerle un jet privado de la compañía, que lo podía trasladar a él y a su familia hasta donde lo necesitaran.

Pero ya su padre había aceptado la propuesta hecha por el militar venezolano destacado en Citgo. Así que Rafael Eduardo solo voló hasta Orlando.

Desde Florida hasta Maiquetía volaron diez deudos de Mónica: padres, hermanos y tías. Todos fueron trasladados en el avión que dispuso la filial de la petrolera venezolana. El vuelo despegó a las 8:30 de la noche del 7 de enero de 2014 desde Orlando. Cuando aterrizaron en la rampa cuatro del aeropuerto internacional Simón Bolívar era la 1 de la madrugada.

Algunos se fueron hasta la casa de los poquísimos familiares que aún viven en Caracas; otros, entre ellos Rafael, Inge y algunos de los hermanos de Mónica, se fueron hasta el Centro Médico Docente La Trinidad para ocuparse de Maya. Esa noche se habían quedado la prima de Mónica y una amiga de la familia cuidando a la niña. Además, claro, de los escoltas que Siemens había contratado.

Tres de los mejores amigos de Thomas Henry se enteraron de lo ocurrido ya entrada la mañana del 7 de enero. La noticia del homicidio había corrido rápido a través de los medios de comunicación y las redes sociales, y los teléfonos se convirtieron en incansables portadores de la tragedia.

A Luis Carlos Domínguez le repicó su iPhone, justo cuando se disponía a apagarlo. Había abordado un avión junto a su esposa. Su primera parada sería en Atlanta y desde allí llegarían a Las Vegas.

—El número era desconocido, así que estuve a punto de no atender, pero luego pensé que podía ser del trabajo y me decidí. Resultó ser un amigo que recién había visto hacía como un mes.

Ese amigo fue el que le dio la noticia.

—Pana, mataron a Henry.

—No, vale. Tú me estás jodiendo. Si yo hablé con él ayer. No puede ser.

Tras algunos segundos de incredulidad, Luis Carlos decidió trancar la llamada y revisar las redes sociales. El avión estaba ya listo para despegar. El piloto solo esperaba la orden desde la torre de control.

Ante la premura, un sobrecargo le pidió a Luis Carlos que

apagara el dispositivo. Él se apuró en explicar por qué no podía hacerlo: habían matado a su mejor amigo y él necesitaba confirmar o desestimar aquello. Se tenía que bajar.

El tamaño de la noticia era directamente proporcional a la desesperación de esos dos pasajeros; así que el piloto maniobró, habló por el transmisor y regresó el avión hasta la rampa de abordaje para que Luis Carlos y su esposa lograran desembarcar. Luego siguió su camino.

Ya en la sala de espera, Luis Carlos regresó a las redes. Se aferraba a un halo de esperanza.

—Yo comencé a llamar a todo el mundo. Llamé a la hermana de Henry que está en Escocia. Le dije que andaba buscando al hermano porque necesitaba, con urgencia, hablar con él y así le pedí el teléfono de la casa de los papás. Ella se asustó y yo traté de calmarla. Todavía no estaba seguro nada.

Después de terminar la disimulada conversación con la hermana de Thomas Henry, Luis Carlos llamó al teléfono que recién había conseguido, pero nadie atendió. Luego intentó contactar a Carlos Cárdenas, otro de los amigos de siempre, y tampoco hubo éxito. Sin embargo, sí había logrado comunicarse con una buena cantidad de amigos y todos insistían en que los homicidios de Mónica y de Thomas Henry eran una realidad. Ya la noticia estaba reflejada en los medios de comunicación más importantes del país, no solo en los *sites* de dudosa reputación.

Carlos Cárdenas estaba en Orlando cuando tirotearon a

Mónica y a Thomas Henry. Había decidido pasar dos días de parques y por ello no se había llevado el móvil que solía usar cuando pasaba temporadas en Miami.

—Eran las 8 de la mañana cuando me llamó mi hermano. Él me contó que Luis Carlos lo había llamado porque no se pudo comunicar conmigo y después me dijo que habían matado a Henry. Y que ya había salido en las noticias. Fue impactante.

Tan abrupta fue la noticia como la organización para regresar a Caracas.

Francisco Contreras, otro de los amigos que creció con Thomas Henry y mantuvo con él una inquebrantable amistad, se enteró también a las 8 de la mañana del 7 de enero. La voz de otro amigo en común, Luis Enrique Pereira, le escupía aquella noticia que quemaba el alma.

Luis Carlos, Carlos y Francisco conversaron con Thomas Henry días antes del homicidio.

Luis Carlos había sido su socio en Arekay, la empresa de turismo de aventura que administraba Thomas Henry. Hacía algunos meses habían disuelto la sociedad, pero Thomas había dejado el contacto de Luis Carlos para que lo ayudara con la demanda de clientes; y él, sin problemas, le hacía suplencias telefónicas.

El 6 de enero en la mañana, cuando Mónica, Thomas Henry y Maya estaban en los llanos, Luis Carlos llamó a su amigo pues finiquitaba los pendientes para poder irse a Las Vegas. Y uno de esos era un cliente de Arekay.

El turista había tenido algunos inconvenientes en Venezuela; y como Thomas Henry estaba de viaje, Luis Carlos resolvía.

—Yo lo llamé porque ya me iba de viaje y había que terminar de resolverle al cliente los imprevistos que se habían presentado. Le dije a Henry que tenía que llamar y montarse en eso. Él me contestó que seguro lo haría, que me quedara tranquilo.

Por su parte, Carlos Cárdenas sostuvo su último contacto con Thomas Henry el 3 de enero.

—Como yo estaba en Miami, me escribió un mensaje de texto que decía así: "Qué dice, bichito, feliz año. Aquí regresando de Mérida y saliendo para el llano. Te iba a pedir una colonia Carolina Herrera 212. ¿Cuándo vienes?"

Francisco no sabe precisar cuándo fue que habló con Thomas Henry, pero estima que esa conversación ocurrió entre el 2 y el 3 de enero.

—Él me llamó para pedirme apoyo porque estaban llegando unos turistas y parece que un chofer les falló y él les hacía un mini tour por Caracas y después terminaban en un restaurante. Y ese día me pidió apoyo para que yo le sirviera de chofer a estas personas. Pero lamentablemente yo tenía una pieza del carro mala y le dije que no podía porque era problable que me quedara accidentado en cualquiera de las subidas de la ciudad.

Se despidideron y ya no hubo más llamadas.

A los tres amigos les duele hablar de Henry. "Nosotros

no conocemos a ningún Thomas, siempre le hemos dicho Henry. Cuando dices Thomas, no sé si estamos hablando de la misma persona", espetan y se ríen entre ellos. Pero la risa es un esfuerzo. Que ya no esté el abrazo de su amigo les duele adentro, muy adentro, y se nota.

ESCENA 7

**EXTERIOR.
RUTA FÚNEBRE
PUERTO CABELLO-CARACAS.
DÍA.**

Thomas y Manuel, el esposo de la prima de Mónica contaron con el apoyo incondicional de Elizabeth Rodríguez. Ella es una mujer de voz cálida y amorosa. De solidaridad inagotable. Por eso su amigo Luis Fernández Morán se atrevió a llamarla a las 5:10 de la mañana de aquel 7 de enero. La noticia que escuchó Elizabeth confirmaba lo que presagió el timbre del teléfono a esas horas: una mala noticia.

Luis, que se encontraba en Estados Unidos, le dijo en esa primera conversación, que a su prima Mónica, al esposo de ella y a la hija de los dos, los habían matado en la autopista Valencia-Puerto Cabello. Y le pidió que, por favor, acompañara a los padres de Thomas Henry y a los primos de Mónica en los trámites, pues no conocían la ciudad de Valencia y ella, como vivía allí, sí.

Luis y Elizabeth son amigos desde hace siete años. En ese tiempo se volvieron entrañables, por eso ella no dudó en ayudar. Ambos trabajan juntos en una empresa de alimentos ubicada en el estado Carabobo. Durante esos días del homicidio, los dos disfrutaban de las vacaciones colectivas de diciembre y primeros días de enero.

—Nosotros siempre hablábamos de Mónica. Luis estaba superorgulloso de ella. Pero esa madrugada, que me llamó y me contó lo que había pasado, yo no caí en cuenta de que era la Mónica famosa. Yo vine a darme cuenta de quién era, cuando Luis me volvió a llamar pasadas las 8 de la mañana y me contó que ya en todos los noticieros estaban dando la noticia. Para mí, en esas primeras horas, era un ser humano hermoso que había perdido la vida de una manera terrible. Solo pensaba en el dolor de mi amigo y, pues, no dudé en ayudar en todo lo que hiciera falta.

Así, desde las 5 de la mañana, Elizabeth estuvo con los papás de Thomas Henry y con los primos de Mónica para orientarlos. Con la autorización de ellos, se ocupó de la logística para el traslado de Maya hacia Caracas, y de los trámites para mudar los cuerpos de Mónica y de Thomas Henry, desde la morgue de Puerto Cabello hasta la de Valencia. Elizabeth fue el hombro que también apoyó la dura tarea de reconocer los cadáveres.

$$***$$

Una vez finalizada la autopsia, los cuerpos de Mónica y de Thomas Henry fueron llevados hasta la humilde funeraria Luz eterna de Valencia. Elizabeth decidió que las instalaciones sirvieran para la preparación inicial, porque quedaba muy cerca de la morgue de Valencia, y porque los encargados prometieron absoluta discreción. Era un momento muy duro y no querían enfrentar a la marabunta periodística.

—A Mónica yo la abracé, la besé, la bendije, le peiné su cabello. Hice todo lo que una madre haría en una circunstancia como esa. Fue, y sigue siendo, un dolor muy grande. Verla tan hermosa, con tanta paz en su rostro, con esa sonrisa suave y pura.

La hija de Elizabeth también acompañó todo el proceso. Es una joven que pronto se graduará de médico. El hecho la conmovió tanto que, de pronto, decidió quitarse la cadenita que sostenía la imagen de la Virgen del Valle y que desde hacía años era su amuleto de protección y buena suerte.

—Hija, ¿por qué te estás quitando tu cadenita? ¿Qué vas a hacer con ella?

—Se la voy a dar a Mónica. Vamos a ponérsela en las manos.

Elizabeth, conmovida, volvió a llorar.

Cuando tocó vestir los cuerpos, Elizabeth habló con Inge Mootz, la mamá de Mónica, pues no sabía cómo vestir a la joven antes de que fuera acomodada en el ataúd de madera. La ropa que encontraron en la maleta recuperada, tras la visita al Cicpc, no era la adecuada. Eran atuendos playeros y de montaña y todo estaba mojado. Así que Elizabeth consultó con Inge.

—Ella me dijo que no comprara nada caro ni suntuoso, sino sencillo. Que ella tenía un traje que quería que usara.

Elizabeth cumplió y, luego de largas caminatas e indicaciones, optó por escoger una camisa verde claro de cuello alto y un pantalón beige.

—Tardé horas en escoger la ropa porque no encontraba nada digno de ella. Pero luego recordé las palabras de su madre y me decidí. Y aunque yo no fui al velorio ni tampoco al entierro, sí supe que la arreglaron hermoso. La maquillaron y le cambiaron la ropa y quedó como lo que era, una reina.

La ropa de Thomas la compró Reinaldo, un amigo de él, que llegó a Valencia a apoyar.

—Reinaldo se ofreció porque además lo conocía y sabía de sus gustos. No sé si cuando llegaron a Caracas a Thomas también lo cambiaron.

A las 5:40 de la tarde ya todo estaba listo. Mónica y Thomas Henry descansaban, ya arreglados, en los féretros dispuestos en el furgón de la carroza fúnebre que los llevaría hasta el Cementerio Monumental del Este, en Caracas.

Diez minutos después salió el cortejo. Unos quince funcionarios de la Policía Nacional Bolivariana y del estado Carabobo escoltaron el traslado. Se dice que quien dirigiría la seguridad y apuraría los trámites, por órdenes superiores, sería Jhony Bolívar, el conocido *capitán Bolívar*. Pero nadie quiso atribuirse esa afirmación tan delicada, y mucho menos luego de que se viera involucrado en el homicidio de Adriana Urquiola, la joven que murió a tiros en una barricada de los altos mirandinos meses después.

Dos horas más tarde, los cuerpos de Mónica y Thomas Henry llegaban al camposanto caraqueño. La organización de las honras fúnebres comenzaría cuando la familia Spear ya estuviera en Venezuela y cuando en el Cementerio del Este hubiese capillas disponibles.

El 8 de enero, Elizabeth conversó con Rafael Spear.

—Nunca olvidaré esa conversación. Él me dijo: "Mónica fue tan perfecta que escogió a la mejor para sus primeros momentos fallecida. Una reina vistió a otra reina".

Días después, Rafael Spear viajó a Valencia para buscar las actas de defunción y conocer a Elizabeth. Ella no había querido ir al entierro, así que él quiso agradecerle personalmente la solidaridad que demostró.

—Desde que conocí a Rafael, personalmente, nació una amistad increíble. Muy hermosa. Tanto que ahora conversamos casi todos los días. Y Mónica se ha convertido en nuestro ángel de la guarda. Mi hija y yo le pedimos siempre que nos proteja.

✳✳✳

El miércoles 8 de enero en la mañana se acordó que el velorio de los esposos Berry Spear comenzaría pasado el mediodía del 9 de enero. No había cupo en el cementerio. Además, Rafael Spear quería que se dispusiera de lo necesario para que los fanáticos de su hija pudieran llegar a decirle adiós.

Durante ese miércoles las diligencias de ambas familias todavía no habían terminado. Se reunían en el Centro Médico Docente La Trinidad para estar pendientes de Maya. Regresaban al Cementerio Monumental del Este con ropa, documentos y dinero, y otra vez a la clínica.

Maya, ese día, luego de pasar un rato con su tío Ricardo, el hermano menor de su mamá, le contó que sus papás no eran tan viejos, pero que se quedaron dormidos y ahora estaban en el cielo.

★★★

A las 3 de la tarde de ese 9 de enero, una fila interminable estaba ya organizada. Los fanáticos de Mónica y los miembros de la Asociación para el Desarrollo de Educación Especial Complementaria (Asodeco) y los de la Fundación Asperger se habían congregado para despedirla.

Las honras fúnebres, oficialmente, comenzaron poco después de las 4 de la tarde. Los que ese día llegaron, fueron pasando en grupos pequeños hasta la capilla número VI para decir adiós.

Entre apretones de manos, abrazos y pozos de lágrimas transcurrió la tarde. La familia de Mónica fue la que tomó las riendas de las declaraciones ante los medios de comunicación.

"No hay palabras para describir el dolor. Esto es algo que nunca debió haber ocurrido. Ella amaba a Venezuela. No pude en ningún momento sacarla de allí, a pesar de que le dije que el país era inseguro. De hecho, la habían asaltado anteriormente alrededor de cinco o seis veces... Espero que la justicia divina tome cartas en el asunto... Este es un dolor que no se lo deseamos a ninguna familia. De verdad, cómo alguien tan hermoso, tan saludable y que de repente desaparezca, por causa de un pillo, de unos hampones, no tiene nombre".

Las declaraciones de Rafael Spear eran sentidas. Ecuánimes, pero inundadas de dolor y rabia contenida.

La voz de famosos que llegaron a presentar sus respetos y solidaridad, a ambas familias, tuvieron también la fuerza de las lágrimas y de la impotencia.

Entre ellos estuvo Richard Linares. Él la definía como un ángel. La conoció en 2003 cuando participó en el Miss Venezuela. "Era una muchacha sumamente inocente, calladita, flaquitica, que había llegado de Estados Unidos. Le gustaba la actuación pero le daba pena actuar. Luego ganó el Miss Venezuela y no dejó de ser la muchacha inocente y sincera, que tenía siempre una sonrisa y un buen comentario para todo. Ella no estaba preocupada por pose ni por estar todo el tiempo arreglada. La última vez que la vi estaba igualita, bellísima, encantadora, y muy, muy tierna. La relacion profesional fue excelente. Una tipa cero rollo. Responsable".

El reconocido entrenador de misses no escondió su dolor ante los medios. "Estoy sumamente conmovido, consternado y triste con esta noticia que hoy despierta en Venezuela rabia, impotencia, conmoción y horror. No hay nada ni nadie que remedie el dolor que dejó Mónica. Tal vez el peor error de ella fue venir al país, que tanto amaba, a turistear... ¿Cómo es posible que aquí todos porten armas? Las armas están hechas para los cuerpos policiales. Es momento de que el gobierno venezolano controle la inseguridad porque la delincuencia nos está consumiendo. Es triste saber que esto pase todos los días", así declaró a reporteros del diario *La Verdad* del estado Zulia.

Comentarios y sentimientos como los que expresó Richard se hicieron eco en el país entero. La voz de los artistas, de sus familiares y de los fanáticos, se alzó para gritar de dolor, de rabia, de impotencia... Sus ojos se abrieron para descubrir, por fin, una realidad insistente, recurrente, apremiante, aterradora, punzante...

Por su parte, la familia de Thomas Henry prefirió no hacer público su dolor. Solo un par de amigos se atrevieron a conversar sobre Thomas Henry, pero nada más.

★★★

La tarde del 9 de enero fue agitada en el Cementerio Monumental del Este. Las colas para decir adiós duraron más de cuatro horas.

Decenas de personas hacían, pacientes, la fila para ver el cuerpo de Mónica. Todos lamentaban lo sucedido. Pero entre lágrimas, muchos asiduos a las telenovelas venezolanas aprovecharon la oportunidad para acercarse a los actores, que también llegaron a ofrecer sus condolencias, para retratarse y pedir autógrafos.

Otros, disponían de servilletas con peticiones ya escritas para entregárselas al presidente Nicolás Maduro, pues escucharon a uno de los fanáticos asegurar que el primer mandatario haría acto de presencia en el velatorio. "Yo no soy chavista, pero una nunca sabe. Hay que aprovechar de pedirle aunque sea una casa, si es que viene", reflejó el diario *Últimas Noticias*, en su edición del 10 de enero. Hubo de todo en las honras fúnebres.

Cuando se hicieron las 8:40 de la noche se informó, a quienes aún hacían fila, que el acceso al público había concluido. Los tres vigilantes que cuidaban el orden de la fila fueron los que dieron el anuncio. Solo los deudos de las víctimas podían pasar el tiempo que quisieran adentro.

Al escuchar aquello, y luego de darse cuenta de que todavía quedaba por lo menos una veintena de personas, Rafael Spear ordenó que reabrieran el acceso y los dejaran pasar.

Ya a las 9 de la noche solo quedaban los fanáticos que intentaban resolver cómo salir del camposanto, pues habían llegado gracias al servicio de Metrobús, y no contaban con dinero para pagar un taxi. Mientras tomaban café, esperaban encontrar la solución para regresar a casa. Un largo rato pasó hasta que consiguieron, entre varios, completar para que un taxi los dejara en la estación del Metro más cercana.

Manuel "Coko" Sosa, uno de los amigos más entrañables de Mónica –y con quien protagonizó dos telenovelas en *RCTV*–, llegó al funeral a eso de las 9:15 de la noche. Su fortaleza no fue suficiente como para entrar a la capilla donde reposaban los féretros. Esperó a Rafael Spear en la puerta. Cuando el papá de Mónica salió, le ofreció sus condolencias y apuró las frases de dolor y de vacío.

A la 9:30 de la noche los miembros de la familia Spear, que estaban dispersos en la capilla, decidieron salir para que un grupo de seminaristas realizara una oración especial con la familia Berry.

Mientras rezaban por el descanso eterno de Mónica y Thomas, el gobernador del estado Miranda, Henrique Capriles Radonski, llegó a presentar, también, sus condolencias. Eran las 9:27 de la noche.

El primer mandatario regional, más temprano, había conversado con el actor y director teatral Héctor Manrique, para saber si era prudente acercarse al cementerio.

—Yo no quería importunar, así que averigüé primero si podía ir. Además no quería ir a una hora en la que hubiese muchos medios de comunicación. Yo solo quise ofrecer mis condolencias y listo. Mónica no era del grupo de actores amigos, pero respeté y admiré mucho su trabajo. Supe que me seguía por Twitter.

Como la familia Spear estaba fuera de la capilla, el gobernador del estado Miranda los abordó primero. Estrechó la mano de Rafael Spear y lamentó que se conocieran en esas circunstancias. Luego conversaron largo. El padre de Mónica se asesoraba, entre otras cosas, sobre los trámites para poder llevarse a Maya a Estados Unidos. Rafael argumentó que de las cuarenta y seis personas que integran su familia, actualmente todos viven fuera del país. Solo le queda una hermana que aún vive en Maracaibo.

—Después de contarme que se quería llevar a su nieta, me dijo que aquí en Venezuela debíamos hacer un esfuerzo para unirnos y trabajar mancomunadamente para resolver el problema de la inseguridad. Que no podíamos seguir así. Esa conversación, esas palabras, fueron las que me dieron pie para invitar a Nicolás (Maduro, el presidente venezolano) a trabajar juntos. Lo hice por Twitter, yo la verdad no tengo ningún complejo en sentarme con ellos si es por el bien del país.

El "Coko" Sosa, que estaba con el papá de Mónica cuando llegó Capriles, se volteó y se alejó del lugar. La tristeza y el dolor que pululaban por los pasillos del Cementerio Monumental del Este no pudieron, ni un ratito, con las rivalidades políticas.

A las 10:05 de la noche, Inge, la mamá de Mónica, decidió irse. Abordó una camioneta Explorer que luego fue escoltada por dos motorizados. Thomas y Carole Berry, los padres de Thomas Henry, y su hermana, que arribó al camposanto desde Escocia ese mismo día cerca de las 8:15 de la noche, decidieron retirarse a las 10:30 de la noche. Cuando caminaban hacia la salida, se toparon con el gobernador de Miranda.

—Fue muy conmovedor. La mamá de Thomas me abrazó y se guindó a llorar. Es una mujer, igual que el papá de él, que no hablan bien el español; es decir, es muy notorio que son extranjeros, y sin embargo, tienen un amor tan grande por este país... Estaban muy agradecidos conmigo por haber asistido. El gobernador estuvo poco más de dos horas.

Cuando se hicieron las 11 de la noche, los guardias decidieron quitar los cordones de seguridad porque ya no había cola que organizar. En el cementerio solo se quedaron Rafael y otros siete familiares.

Esa noche, la capilla VI quedó adornada a más no poder. Osmel Sousa, el departamento de matemáticas de la Universidad Simón Bolívar, la Fundación Asperger de Venezuela, la Asociación para el Desarrollo de Educación Especial Complementaria, Televen, el Bloque de Armas, la alcaldía de Chacao y fans de Mónica enviaron arreglos florales para decir adiós.

***

El movimiento empezó temprano el viernes 10 de enero. Otra vez hubo que disponer de los cordones de seguridad para organizar a los fanáticos que llegaron para despedir a Mónica.

Se ofició una misa y una coral de niños cantó. Ya entrando el mediodía, familiares y amigos se acercaron a decir adiós, para cerrar los féretros, y todos comenzaron a salir para adelantar el paso hasta la parcela seis, donde serían enterrados.

Algunos repartieron flores blancas al público. Otros las llevaron por su cuenta. Amigos alzaron en hombros los ataúdes y los acomodaron en el furgón de dos carrozas fúnebres.

Ya en la parcela, acomodada con un amplio toldo de color azul que protegía un conjunto de sillas, sacaron los féretros. Alrededor, fanáticos de Mónica se repartían para aplaudirla, gritar vítores y lanzar flores. Una lluvia de rosas blancas escoltó este último recorrido en brazos. Era la flor favorita de ella y por eso la usaron para decir adiós.

—¡Hasta siempre, Ciela!

—¡Que viva Mónica!

—¡Bravo, Mónica! ¡Siempre estarás en nuestros corazones!

Aplausos, lágrimas, rabia.

Hubo música, plegarias y dolor infinito.

—¡Mónica, ya estás llegando al cielo, hija! ¡Adiós! ¡Henry, te amamos! —La frase más emotiva y desgarradora fue la de Rafael Spear. La gritó cuando los ataúdes se hundían en la fosa donde reposarían para siempre los cuerpos de su hija y de su yerno.

ESCENA 8

EXTERIOR.
RECUPERACIÓN.
TRÁMITES Y VIAJE.
MAYA.
DÍA.

Maya fue atendida en el hospital Adolfo Prince Lara de Puerto Cabello, entre muchas otras, por la pediatra Alida Yépez. La niña llegó consciente y estable, pero muy conmocionada. Solía repetir que ella se quedó dormida y cuando se levantó comenzó a llamar a sus padres pero ellos se habían quedado dormidos y no se despertaban.

La propia niña se identificó. Dio su nombre y dijo ser la hija de Mónica Spear. La doctora Alida utilizó su cuenta de Twitter para informar sobre el ingreso de una niña sin familiares.

El primer mensaje fue enviado a las 12:05 de la madrugada del 7 de enero: "Recibimos hace 2 horas a Maya Veliz, preescolar femenina de cinco años sin familiares. Dice ser familiar de Mónica Spear".

Un minuto después escribió: "Se encuentra herida por arma de fuego pero estable".

Y a las 2:33 de la mañana escribió por última vez sobre el caso: "Corrijo: Maya Berry. Urgente, familiares".

Pero los mensajes fueron borrados de su cuenta @draalida. El único que permaneció del día 7 de enero fue uno enviado a las 5:17 de la tarde: "Apenas llegando a casa, con el corazón roto... sin palabras aún para describir la pureza de los niños. Solo Dios conoce lo que sentimos ayer".

Maya estuvo en el hospital hasta pasadas las 11 de la mañana. Luego fue trasladada, en una ambulancia de los bomberos de Puerto Cabello, hasta la clínica en Caracas. La acompañaron Dianela Corrie Spear, una prima de Mónica, y el pediatra Víctor Ramos, médico del hospital Adolfo Prince Lara.

Estuvo recluida en el Centro Médico Docente La Trinidad un día. Ingresó el martes 7 de enero a eso de las 2 de la tarde y fue dada de alta el miércoles a la misma hora.

El martes fue publicada una foto de Maya en el Facebook de Daniel Spear, hermano de Mónica, en la que se mostraba sonriente, con los ojos cerrados y sus manos sobre las mejillas. En la mano derecha se hacía visible la vía que los médicos habían tenido que tomar para pasar medicamentos.

Luego de conversar con psicólogos y psiquiatras, los deudos de Mónica y de Thomas Henry decidieron que lo más conveniente era no contarle directamente a la niña que su padres habían fallecido. Los especialistas recomendaron que para hacer menos abrupta la noticia, se utilizaran metáforas para explicarle a Maya que sus padres ya no estaban, pero que permanecían espiritualmente a su lado, cuidándola. Por eso la niña no asistió al funeral y mucho menos al entierro.

★★★

Después de culminadas las exequias, Rafael Spear se dedicó de lleno a tramitar la documentación necesaria para poder llevarse a Maya con él a Orlando.

—Estaba con las manos vacías, no tenía nada. Tuve que buscar el acta de matrimonio de Mónica y Thomas, acta de nacimiento de Maya, actas de defunción, tutela, declaración de Maya como heredera universal de Mónica y de Henry, pasaporte de Maya y proclamación de Maya como ciudadana norteamericana y luego apostillarlo todo. De verdad que lo que hizo el pueblo venezolano conmigo no tiene precio. Todos esos trámites se tardan, según me dijeron, unos dos años más o menos, y nosotros los completamos en dos semanas. Digo nosotros, porque fuimos el pueblo de Venezuela y yo.

Las autoridades estadounidenses también fueron muy benevolentes y todo estuvo listo para que el 2 de febrero Maya llegara a su nueva vida en Orlando.

Durante el tiempo que permanecieron en Venezuela, la niña estuvo en consulta psicológica. Cuando llegó a Orlando se mantuvo la orientación y, además, fue integrada a una terapia de grupo con otros niños que vivieron situaciones parecidas a la de Maya: perdieron a sus padres violentamente.

Para que la opinión pública estuviera al tanto de la evolución de la pequeña, Rafael tuiteaba sobre el estado de su nieta. El 12 de enero, a las 7:07 de la noche, informó a través de su cuenta en Twitter @rastinge: "Maya se está recuperando muy bien, está pintando y jugando con sus colores. Hoy por fin salimos del bloqueo emocional".

El 18 de enero al mediodía publicó: "Maya está bien. Aún con temor de estirar su pierna derecha. Pintando como acostumbra. Saludos".

El 1 de febrero contó que ya estaban en Miami. Ese día publicó una foto de Maya, sentada en unas butacas de avión, e informó que se preparaban para volar hasta Orlando.

El 5 de febrero ya la niña comenzaba las clases en su colegio.

El 14 de marzo, Rafael Spear le concedió una entrevista a Rebeca Moreno. Fue transmitida por Onda la Superestación. En ella, el padre de Mónica habló sobre la pequeña Maya:

"Estos últimos días ha empezado a despertar del bloqueo que tenía con respecto a sus padres. En Venezuela nos dijo algunas palabras, pero aquí hizo como un bloqueo mental sobre el suceso. Dejó de preguntar y de hablar sobre sus padres.

Esta semana reaccionó. En ese aspecto, ha preguntado mucho por su mamá y dice que quiere estar con ella. Anoche lloró, casi por dos horas, por su mamá. Tenemos que explicarle qué ha pasado, que no va a estar ahí con ella, pero que la está cuidando. Eso es algo bastante duro.

Ella recuerda perfectamente lo que pasó; de hecho, mientras estuvimos en Caracas dijo: «mis padres se durmieron, se fueron al cielo y no los voy a tener más». También dice: «¿tú sabes que mis padres se murieron y que están en el cielo?»

En las noches está teniendo pesadillas. Ella duerme entre mi esposa Inge y yo y, cada vez que un episodio de eso surge, la abrazamos para que se quede tranquila. Hemos tratado de que nos diga de qué se tratan las pesadillas, y las respuestas han sido contundentes: «eso no se lo voy a decir a nadie».

Es una niña con una mentalidad muy madura, a veces parece que tuviera diez años. Ella está en prekínder y ya sabe prácticamente leer y conoce los números; es muy precoz. Maya se ha convertido en la hija de Venezuela. Quiero enfatizar que Maya es hija de Venezuela y por tanto mantengo a Venezuela al tanto del desarrollo que vaya teniendo Maya".

Y así es. Cada tanto, Rafael Spear, a través de su cuenta en Twitter, comenta sobre su nieta. En los trinos no ahonda en las vicisitudes que puede estar viviendo la niña, solo habla de momentos en los que ella pareciera estar un poco más tranquila ante su nueva realidad.

Los detalles más profundos, Rafael los revela en entrevistas que concede a periodistas que, como nosotros, tienen el tiempo de escucharlo. En una de las varias conversaciones que sostuvimos, nos contó que en abril Maya empezaba a dormir en su propio cuarto. Sus abuelos dispusieron de una habitación en la casa y la propia nieta la decoró a su gusto.

Pero durante dos noches seguidas volvieron las pesadillas y regresó al regazo de sus abuelos. Cuando vuelve la calma, la niña regresa a su cuarto y así va.

—Una madrugada nos llegó al cuarto a las 2 de la mañana. Lloraba y nos dijo que había tenido un sueño malo. Pero no quiso decir más nada. Luego, una tarde, regresábamos de una reunión familiar, y en el carro nos dijo a mi esposa y a mí que por más que no quería pensar en eso, en su mente estaba todo. Nosotros le dijimos que nos contara, que si nos decía se iba a sentir mejor porque saldría todo de la mente. Pero no ha querido decirnos nada.

Las terapias siguen.

***

Días después de esos vaivenes entre cuartos, Maya decidió que ya no quería dormir sola, más nunca, en la habitación que sus abuelos dispusieron para ella. Ahora solo se acuesta en el medio de ellos y así pasa las noches. Pero a pesar de la protección que puede sentir entre sus nuevos padres, las pesadillas regresan cada tanto. Casi siempre se despierta llorando a eso de las 3 de la mañana.

—Es un llanto corrido de por lo menos una hora y lo

único que dice es que tuvo un sueño malo que no le puede contar a nadie.

Pero esos episodios han ido espaciándose y Rafael Spear, su abuelo, tiene la certeza de que es gracias a la terapia de grupo a la que asiste desde que llegó a Orlando.

—Ya ella sabe lo que pasó. En cinco oportunidades, desde febrero hasta junio, nos ha dicho que cómo es posible que en Venezuela le hayan hecho mal a sus padres y que quiere que ellos estén vivos. Nosotros, ante esos comentarios somos muy directos, y le explicamos que en efecto hay gente buena y gente mala y que sus papás se toparon con las malas y les hicieron mal, incluso a ella. De hecho, la bala la tiene alojada en la parte de arriba de la rodilla, pero no le molesta ni nada.

Rafael insiste, admirado, en que su nieta es una niña muy madura. Pero aunque no tenga episodios de llanto continuo, sí es una pequeña melancólica, que pasa buena parte de sus días absorta, dibujando. Así gasta las horas del día que no tiene ocupadas en las actividades que sus abuelos han organizado para ella.

—Un día fuimos a la playa en familia. Estaban sus primitos de su edad y ella pasó el rato tristísima. Suponemos que como ella iba mucho a la playa con sus papás, le pegó mucho estar ahí sin ellos. Pero no nos dijo nada. En otra oportunidad teníamos una piscinada en la casa de otro familiar y ella no quería ir. Le dijimos que nosotros, o sea, su abuela y yo, teníamos que ir, y que si ella prefería quedarse, se iba a quedar solita. Entonces se asustó y dijo que iba. Ya cuando estaba allá, no se quería venir. Eso también se lo dijimos, y en estos días le dijo a mi esposa que le solía pasar eso. Al principio no quiere ir a algún lugar, pero luego va y se divierte tanto que no se quiere regresar.

Maya completó su prekínder en mayo. Asistía a clases tres veces al día, pues así son las normas en Orlando. Al finalizar se matriculó para comenzar a cursar su preescolar en agosto. Ante las vacaciones, Rafael e Inge, sus abuelos, la inscribieron en un campamento de verano de arte. Allí estuvo hasta mediados de junio. También recibe clases de natación.

—Cuando llega a casa después de tantas actividades, lo hace verdaderamente agotada. Y eso está bien. No ha tenido problemas con el idioma porque sus padres siempre le hablaban en inglés, así que llegó con buena base. Pero, bueno, su evolución emocional ha sido difícil y no es para menos. Fue muy duro lo que vivió.

De sus días de campamento artístico, llegó a casa con dos dibujos que Rafael considera los más emblemáticos: uno es una mano y en cada dedo escribió un pensamiento. En el segundo, dibujó a a sus padres y a ella, pero Maya estaba del lado de su papá y no en el medio de los dos.

***

Carla Balbuena es psicóloga. No ha tratado a Maya en estos meses de luto, pero sí pudo hacer un análisis de los dibujos.

Es un estudio somero, solo basado en lo que pueden significar las líneas y los colores que la pequeña ha trazado en esas horas interminables, entregada a la voluntad de los pinceles.

—Es muy normal que una niña de cinco años haga dibujos en los que se refleje ella con su padres. Que se haya puesto del lado de su papá demuestra un mayor vínculo con el padre por ser su primer acercamiento con lo masculino. Demuestra una adecuada relación con ese acercamiento. Pero, además, que esté incluida su madre junto a ellos denota una adecuada relación familiar, lo cual queda reforzado por el marco que dibujó alrededor de ellos tres. Para ella, su familia era unida y siempre estaba en comunión. Ese marco puede tener también otro significado: la necesidad de protección de ese vínculo familiar. Esto puede estar asociado con la ruptura de ese vínculo. No es usual que un niño enmarque a su familia dentro de un cuadro. Suelen hacerlo cuando enfrentan una situación traumática que les hace sentir que su familia está en peligro.

Carla también analizó la pintura en la que la niña dibujó una mano y un adulto escribió cinco de los pensamientos de Maya para disponerlos en cada dedo.

—En esa imagen hay un inicio claro de conciencia de la falta de ambos padres. Pero a su vez denota dificultad para comprender lo que ha ocurrido. Las manos simbolizan, en general, nuestro primer contacto, lo que nos permite poner límites, y a la vez demostrar afecto. Se percibe en ella mucha inestabilidad porque aún no hay un adecuado manejo de lo que siente y de cómo expresarlo.

Maya es una niña con muchos recursos emocionales, con gran potencial para trabajarlos y desarrollarlos y, así, canalizar lo que siente a sus cinco años de edad. Pero mientras eso ocurre, sus días son largos; y su niñez, difícil. Extraña a sus padres. Y aunque no llore a cada rato, la tristeza y la melancolía se conviritieron en sus inseparables.

La Seguridad Social de Estados Unidos le asignó a Maya una pensión mensual que recibirá hasta que cumpla la mayoría de edad. Es una ayuda por su condición.

—En cambio, en Venezuela no han hecho nada por ella. Nosotros le solicitamos a PDVSA que cubra el seguro de Maya en Estados Unidos. Lo disfrutaría por ser nieta de mi esposa, que a su vez es jubilada de la industria. Claro, entendemos que ellos no cubren seguros internacionales, pero es un caso especial, y podrían implementar la ayuda no solo para mi nieta, sino para quien la necesite fuera del país. Nosotros quisiéramos que el Estado de Venezuela ayude a Maya. Hasta ahora solo la ha ayudado el pueblo, no el Estado. Maya nació en Venezuela y la que la está ayudando es el gobierno de los Estados Unidos.

Rafael quiso que estas líneas sirvieran también para agradecer al grupo que hacía bicicleta montañera con Thomas Henry, pues ellos han recaudado fondos para Maya. El dinero ha sido transferido a una cuenta de ahorro supervisada por el gobierno de ese país.

—De verdad que el amor que se nos ha manifestado es algo que no tiene precio. La palabra gracias no alcanza.

INTERIOR.
PODER LEGISLATIVO.
TELENOVELAS Y CRIMINALIDAD.
DÍA.

Mientras el país intentaba digerir el amargo crimen, el presidente de Venezuela, Nicolás Maduro, hizo declaraciones desafortunadas. El 15 de enero, durante su participación en la Memoria y Cuenta en la Asamblea Nacional, que es la sede del Poder Legisativo del país, espetó acusaciones en contra de las telenovelas. Argumentó que esas transmisiones eran las causantes de la violencia criminal que se padece a diario en estas tierras. Esas mismas donde Mónica dejó sembrado su talento, su pasión, su entrega con los personajes a quienes les regaló vida.

Las aseveraciones del primer mandatario nacional generaron rechazo. Personalidades del gremio artístico se pronunciaron. No dudaron en recalcar que los actos violentos dramatizados en la televisión no eran los responsables de esa inseguridad que se convirtió en un cáncer que carcome las entrañas de una sociedad cada día más indefensa.

Carlos Pérez, escritor de dramáticos, salió al paso con un comunicado que tituló: "Sobre Andreína Valleja en *De todas maneras Rosa"* y que fue difundido por distintos medios de comunicación.

La misiva dijo lo siguiente:

"A propósito de la telenovela *De todas maneras Rosa*, me veo, como autor de la obra, en la obligación de hacer algunas respetuosas aclaratorias.

La primera es que el personaje llamado Andreína no es la protagonista, y por lo mismo tampoco es la heroína del relato, sino, al contrario, el ejemplo de lo que no debe hacerse; vale decir, la villana, que está irreversiblemente condenada al fracaso y a ser castigada por su maldad.

Los dramas telenovelescos siempre establecen una batalla entre el bien y el mal, en la que termina imponiéndose el primero sobre el segundo, para que reine la dicha de los que son buenos en el mundo. Andreína es la contraparte de Rosa Bermúdez, que sí es la protagonista y el ejemplo a seguir, toda vez que representa el concepto del bien, de la verdad y de la honradez.

En segundo lugar es bueno comentar que en obras literarias como *Los miserables*, de Víctor Hugo, que en rigor es la historia de un ladrón, se practica este esquema en el personaje de Jean Valjean (el protagonista), quien, tras huir de una cárcel, recibe la ayuda del monseñor Myriel, para que Valjean, al día siguiente lo robe y escape. Obviamente no era la intención de Víctor Hugo transmitir el antivalor de la deshonestidad y el mal agradecimiento, sino, al revés, ver en el proceso del personaje, cómo Valjean debe asumir la ruta de la virtud a menos que quiera sufrir su propia destrucción.

Recuerdo que cuando escribimos la telenovela *Por estas calles*, en una ocasión recibimos una carta desde la cárcel de Yare en la que el comandante Chávez felicitaba a Ibsen Martínez y a los escritores, a propósito de un producto que el comandante estimaba loable. Y, si alguna telenovela ha tenido muestras de violencia, esa ha sido precisamente *Por estas calles*, en la que, por ejemplo, yo mismo escribí a un personaje llamado Rodilla'e Chivo, quien, siendo un muchachito de no más de doce años, portaba un arma, que usó repetidas veces en terrible y absoluta contravención de la Ley.

Pero la idea nunca fue que Rodilla incitara a los niños a delinquir, sino que el cuento intentaba funcionar como la representación de un comportamiento equívoco, producto de una sociedad en descomposición.

Sería como pensar que hay una loa a la maldad en la excelente película *Bolívar, el hombre de las dificultades*, que magistralmente protagonizan mis amigos Roque Valero y Jorge Reyes, y en la que el personaje interpretado por este, al que se le llama El Polaco, atenta varias veces contra la vida de El Libertador, sin que ello implique un mensaje a favor de la violencia.

En lo personal, soy contrario a que los productos recreativos transmitan valores negativos, como en el caso de las llamadas narconovelas en las que los protagonistas y los héroes sí son los bandidos.

Y en lo que respecta a la corporación para la que trabajo, me consta el esfuerzo puntual en el sentido de que incluyamos en nuestras historias elementos de apoyo para campañas edificantes como la de Naciones Unidas en contra de la violencia de género. Por último, me parece que lo conveniente es que tanto el Gobierno Nacional, en cuyas estructuras comunicacionales he trabajado, como los medios televisivos y las empresas productoras, nos reuniéramos y acordáramos estrategias conjuntas para mostrar en pantalla el fracaso de lo que no es ético ni moral, frente al triunfo de los valores de la vida sana y honesta en sociedad".

Por su parte, la dramaturga Mónica Montañés, quien ha sido autora de siete seriados televisivos hasta ahora, en declaraciones ofrecidas al diario *El Nacional*, agregó: "En las telenovelas el bien siempre triunfa y los malos pagan por lo que hicieron. Yo no lo veo como un mal ejemplo, al contrario. Me parece absurdo atacar al género… Sería un chiste malo que al final la culpable de todo vaya a terminar siendo Marbelis", dijo la escritora en enero. Marbelis es uno de los personajes con mayor carga de villanía que ha construido Montañés.

El poeta Leonardo Padrón también alzó su voz. Dijo en una entrevista a *Unión Radio*, y que luego parafraseó el diario *El Impulso*, que las telenovelas: "no son el epicentro de la violencia en el país". Además, enfatizó que el primer mandatario, cuando se refirió a los dramáticos como elemento de distorsión para el ciudadano "le faltó el respeto a la inteligencia del venezolano".

"Maduro está escamoteando la verdadera responsabilidad y razones de lo que está ocurriendo en el país. No puede ser que ahora culpen a la pistolas de la ficción y no a las pistolas de la realidad", apuntó.

Agregó que luego de la aplicación de la Ley de Responsabilidad Social en Radio y Televisión ya existía un control sobre los escritores. Por esta razón, ahora se escribe de una manera muy distinta en la que "no se puede hablar de la realidad como antes".

"Aquí hay una ley Resorte implementada desde hace nueve años. Esa reunión que hubo ayer (el pasado 20 de enero) con los medios de comunicación es una suerte de *déjà vu*, ese control ya está en nosotros los escritores implementado".

Padrón añadió en esa misma entrevista, que si las telenovelas realmente tuvieran incidencia con los índices de criminalidad "desde hace nueve años estos hubiesen descendido, porque la televisión es incluso mucho más conservadora si la comparas con cualquier otra del resto del continente".

"El mismo Nicolás Maduro comentó que había visto una serie de narcotráfico colombiana. ¿Él si la puede ver y el resto de los venezolanos no? ¿Él tiene más inteligencia que el resto de los venezolanos?", espetó.

Por último, sostuvo que es difícil imaginarse a los presuntos pranes de las cárceles venezolanas reunidos con sus secuaces "para ver la novela y aprender más sobre cómo delinquir en las calles venezolanas".

Concluyó que hay una gran cantidad de *modus operandi* de la delincuencia organizada en Venezuela "y ningún escritor con un máximo de imaginación se le hubiera ocurrido plasmarlo en una telenovela".

Pero Maduro no dudó en seguir atacando al gremio artístico. Sus palabras eran directas al acusarlos de sembrar antivalores, muerte, violencia. Incluso, el 26 de enero atacó al escritor y poeta Leonardo Padrón. El presidente aseguraba que Padrón defendía 'una forma errónea de hacer cultura', y que debía ser transformada lo más pronto posible. Las instrucciones las había dado para que revisaran la programación de todos los canales de televisión. "Él es muy virulento por Twitter. Yo respeto su forma de ser y pensar, él es de derecha, y como él escribe novelas, y se siente culpable quizás, porque es guionista de algunas de esas novelas, él ha respondido virulentamente, violentamente... yo lo llamo a la reflexión como venezolano. Yo le tengo respeto", dijo Maduro.

Padrón se defendió. En una entrevista que le concedió al periodista César Miguel Rondón el día 27 de enero dijo: "Me dice que soy virulento, pero virulentas son las cifras de homicidios en este país, las horas de cadenas con insultos... No son virulencia, son dolor por el cruel asesinato de Mónica. Aquí hace falta menos arrogancia y menos soberbia de parte del presidente".

Venezuela empezaba a hundirse en el caos. Mónica y Thomas Henry eran el nuevo rostro de la violencia, una especie de patente mortal que una sociedad asqueada debía denunciar.

ESCENA 10

EXTERIOR.
ALLANAMIENTOS.
SOPLONES.
CAPTURAS.
DÍA.

El mismo 7 de enero, la noticia se convirtió en un eco tan profundo que estremeció a la opinión pública de buena parte del mundo. Los más de doscientos mil asesinados en una guerra no declarada en Venezuela, y que lleva unos dieciséis años escupiendo plomo, por fin tuvieron cara, nombre y dolientes. No pudieron seguir jugando a mantener anónima la avasallante criminalidad.

Así que, ante el desbordamiento de dolor y rabia, el gobierno tuvo que asumir y exigir. No hubo manera de sostener la hipótesis que, a la ligera, soltó el presidente de la República de Venezuela, Nicolás Maduro, en cadena nacional ese mismo día: un sicariato.

No existían máculas en la historia de Mónica, y tampoco en la de Thomas Henry, que pudieran alimentar algún argumento que excusara la ineficiencia de, por ejemplo, veinte planes de seguridad.

Había que conseguir a los implicados.

Cincuenta funcionarios del Cuerpo de Investigaciones Científicas Penales y Criminalísticas (Cicpc) se dedicaron al caso durante quince días y lograron la captura de diez personas que, según ellos, habían participado, directa o indirectamente, en el doble homicidio.

Pero luego el número de agentes se redujo y, a la fecha, solo quedan un par de detectives tras la pista del único cómplice que aún está libre y que figura en la investigación, como el asesino de Mónica y de su esposo.

$$\star\star\star$$

Los funcionarios adscritos a la base de Homicidios de Puerto Cabello, que por disposiciones burocráticas dependen además del eje de Investigaciones Penales del estado Carabobo, comenzaron a trabajar desde el mismo 7 de enero.

Se dividieron.

Mientras algunos hacían experticias, otros recorrían los barrios aledaños al kilómetro 194 para ubicar informantes y conseguir a los culpables.

En las redadas que hicieron en Las Tablas, El Oasis, El Polvorín y El Carmen –todos, levantados en El Cambur– hubo retenciones prolongadas, informantes voluntarios, interrogatorios intensos y aparecieron los primeros culpables.

El 8 de enero, las teclas de las computadoras comenzaron a apurarse en la subdelegación del Cicpc en Puerto Cabello. Había que transcribir entrevistas para darle legalidad a tanta declaración desaforada.

Una de las entrevistas que quedó archivada en el expediente del caso fue la hecha a José. Ni su apellido, ni otros detalles sobre su identidad fueron revelados pues el artículo 23 de la Ley de Protección de Víctimas, Testigos y Demás Sujetos Procesales así lo permite.

Su testimonio se recogió a las 4:20 de la tarde del miércoles 8 de enero. El acta resalta el hecho de que José llegó por voluntad propia a rendir declaración.

"Resulta ser que el día martes yo me encontraba en la calle, y a eso de las 5 horas de la tarde me voy para mi casa y, cuando entro, consigo acostado en mi cama a Juan, yo lo levanto y sin preguntarle nada me dijo que estaba durmiendo porque ayer (06-01-2014), en horas de la noche se había tirado un corone en la autopista donde había puesto una piedra, donde pasó un carro, chocó y se espichó, se paró más adelante, pero cuando salieron del monte para robarlo, ya el carro estaba montado en una grúa, y uno de los grueros salió corriendo, y tuvieron que disparar hacia el carro, y lo que se pudieron llevar fue una cámara fotográfica, un iPhone y una cartera de los grueros, pero que tuvieron que salir corriendo por un tubo para repartir los reales porque andaba con Mandolfo, el Gato, el Nelfren, el Junior, el Feo, Jean Carlos y el Mancha. Después que me contó eso, yo le dije que se fuera de la casa, que él no iba a venir a meter en problemas a mi familia, y él me contestó que ya se iba, en eso yo salí a comprar unos cigarros, pero me quedé en el patio de bolas, pero cuando iba subiendo para la casa me dijeron que estaba el gobierno en mi casa, esperé que se fueran y luego yo fui para mi casa, hasta que decidí venir a este despacho a decir la verdad que me contó Juan, porque mi mamá Eva y mi hermano Julio no tienen nada que ver con ese homicidio, es todo. **PRIMERA PREGUNTA**: Diga usted: lugar, hora y fecha de los hechos antes narrados. **CONTESTÓ**: "Eso fue el día 07-01-2014, a eso de las 5:00 horas de la tarde aproximadamente, en mi residencia, ubicada en el barrio Las Tablas, calle las Fruterías, casa sin número, parroquia Democracia, municipio Puerto Cabello, estado Carabobo". **SEGUNDA PREGUNTA**: Diga usted: ¿tiene conocimiento de dónde pueden ser ubicados los sujetos antes mencionados? **CONTESTÓ**: "El Mancha y el Gato son de El Polvorín, pero no sé la dirección exacta; Juan vive en El Cambur al lado de la plaza; Jean Carlos y el Junior viven en la invasión Los Naranjos II de la población El Cambur, pero no sé la dirección exacta; el Nelfren vive en La Paragüita, pero no sé la dirección exacta; el Feo y Mandolfo viven en la invasión de Los Naranjos I de la población El Cambur". **TERCERA PREGUNTA**: Diga usted: ¿el ciudadano de nombre Juan le llegó a comentar quién de los sujetos antes mencionados había disparado para el momento que estaban robando? **CONTESTÓ**: "Sí, él me dijo que los que dispararon fueron el Gato y Mandolfo".

José respondió, en total, trece preguntas. En las diez restantes no reveló algún detalle que aportara pistas importantes. Solo intentó defender a su mamá y a su hermano, que fueron dos de los tres primeros detenidos por el crimen. Argumentaba, con vehemencia, que sus familiares no sabían en lo que estaba involucrado Juan.

Los adolescentes Juan y Julio, y Eva Josefina Armas Mejías fueron los primeros detenidos por los funcionarios del Cicpc. El 8 de enero, a las 4:05 de la tarde, les leían sus derechos.

La comisión, de por lo menos quince investigadores, llegó al sector Las Tablas del Cambur gracias a la información que, vía telefónica, les habría dado una persona de nombre María Delgado: "Frente a la residencia número 58, del sector Las Tablas, calle Paraíso, población El Cambur, se encuentran varios sujetos que llevan por nombre Juan López; Adolfo Rico, apodado Mandolfo; Franklin Cordero, apodado el Mancha; otro de nombre Gerardo Contreras, apodado el Gato; otros, apodados el Nelfren y el Junior; y uno de nombre Alejandro Maldonado, apodado el Feo. Todos están conversando. Ellos pertenecen a una banda delictiva de alta peligrosidad liderada por un sujeto de nombre Danilo, quien llega a la zona en una camioneta Pick Up, tipo fortaleza, de color negro. La banda se dedica a robar en la autopista, colocando piedras, hierros u otros objetos. Ellos fueron los autores materiales del hecho en el que falleciera la actriz y su pareja".

La minuta relata que cuando los funcionarios llegaron a la zona, lograron verificar la información que había dado María Delgado. Así que los superiores ordenaron capturar al grupo de jóvenes.

Al bajarse de los carros y anunciar la detención, todos corrieron. Cuatro de ellos se internaron en la zona boscosa del lugar y así pudieron evadir a los efectivos que los persiguieron. Pero uno decidió entrar en su casa, la número 58. Otros investigadores fueron tras él.

Dentro, los policías se encontraron con tres personas: Juan, Julio y Eva; y a todos los capturaron. En ningún documento precisaron cuál de los dos adolescentes fue el que corrió, pero allí estaba.

Como la ley le permitía a los funcionarios hacer una revisión de la casa, aprovecharon y hurgaron por todos lados. No fue mucho el tiempo que invirtieron en la inspección. La casa, levantada a punta de zinc y ladrillo desnudo, era suficiente para que cinco personas vivieran hacinadas.

Los hallazgos importantes fueron tres: un par de zapatos húmedos, un teléfono celular y una cámara fotográfica profesional. La máquina, que estaba guardada en un estuche de plástico negro, fue hallada escondida en el tanque vacío de la poceta.

Los detectives no tenían certeza de qué le habían robado a Mónica y a su esposo, cuando fueron atacados en el kilómetro 194 de la autopista, dos noches antes. Tampoco tenían pruebas de que el grupo de detenidos en realidad tuviera algo que ver con aquellos hechos. Pero culpa por alguna ilegalidad, había; y por eso corrieron.

La posibilidad de estar ante una banda de rateros crecía, gracias a la cámara Sony. Un aparato como aquel, que además tenía un juego de lentes para hacer distintos tipos de tomas, en una vivienda como aquella, no era algo que a los funcionarios les pareciera coherente. Así que decidieron revisar las fotos de la memoria para comprobar lo que ya sabían: era robado. Si no tenían a los asesinos de Mónica, pues podían aprovechar la diligencia para detener a otro grupo de ladrones.

Pero después de manipular, revisar, constatar, y hasta adivinar, los efectivos lograron encender la pantalla de la cámara profesional para proyectar las últimas fotos capturadas por la lente, y ahí, frente a su asombro, estaban pedazos de historia que gritaban la imagen de Mónica y de Thomas Henry con su hija, sonrientes, escoltados por distintos paisajes de la imponente naturaleza venezolana, vivos.

Las fotos anunciaron, además, la culpabilidad de aquellas tres personas que estaban en la casa número 58 del sector Las Tablas, a las 4:05 de la tarde del 8 de enero. Luego se sabría que allí se había organizado la banda para salir, dos noches antes, a robar a la autopista.

Alrededor del hallazgo comenzaron a tejerse certezas. La cámara estaba negociada ya por doce mil bolívares que, una semana más tarde, serían repartidos entre los que habían participado en el asalto. Todos se volverían a encontrar en la cueva natural de la zona boscosa que bordea la autopista, y se repartirían el botín. La vendería un hombre a quien conocen como el gordo Danilo, quien además fue nombrado como el líder de la banda. Él fue el siguiente detenido de ese 8 de enero y, según la policía, se llama Leonard Danilo Marcano.

✱✱✱

Durante la noche del robo solo se repartieron quinientos bolívares que encontraron en la cartera de Mónica. La ganancia real de aquel "golpe" estaba en la venta de la cámara.

Juan colaboró y ofreció detalles. Luego guio a los funcionarios hasta la zona boscosa del sector El Oasis, que es uno de los barrios que conforman el poblado de El Cambur; y a orillas del río que surca la zona, debajo de espesos arbustos, estaba el bolso de la actriz.

Ese lugar era utilizado por estos maleantes para fraguar fechorías, repartir botines y esconder evidencias.

Un poco más lejos encontraron el arma: una Tanfoglio, calibre nueve milímetros. Estaba envuelta con el plástico que antes había guardado cuatro rollos de papel sanitario marca Rosal. A un lado había una media de color blanco hecha un nudo, que escondía unas veintiocho balas, que luego fueron entregadas al área de Balística del departamento de Criminalística de la policía científica.

***

Esa misma tarde, y gracias al testimonio de Juan, uno de los dos adolescentes detenidos, y de José, el hijo mayor de Eva, los funcionarios dieron con Jean Carlos Colinas Alcalá, Alejandro Jesús Maldonado Pérez y Adolfo David Rico, alias Mandolfo. Ya al supuesto líder de la banda lo habían capturado. Faltaban tres: Nelfren Antonio Jiménez Álvarez; Gerardo José Contreras Álvarez, alias el Gato; y su hermano Franklin Daniel Cordero Álvarez, alias el Manchas.

Todos menos el Gato, que fue el que disparó esa noche, están arrestados.

A esta banda se le bautizó como *Los sanguinarios del Cambur*. Además, se les estableció un tiempo operativo de cuatro años, específicamente en la vía entre Puerto Cabello y Valencia; pero en realidad, estos maleantes eran herederos de una organización que, en Carabobo, llevaba no menos de quince años operando.

EXTERIOR.
PLANIMETRÍA.
DÍA.

Hay trayectorias que hacen ruido, y los especialistas en balística lo saben. Por eso son capaces de determinar el sitio exacto desde donde las balas fueron disparadas.

En el homicidio de Mónica se logró precisar eso, y los resultados fueron luego constatados por el testimonio de algunos de los detenidos.

El tirador fue uno solo: el Gato. Y aunque resultara positivo, en tres de los detenidos, el análisis que se le practicó para saber quiénes habían disparado esa noche, en todos, la planimetría evidenció que solamente uno pudo hacerlo. El testimonio de quienes se declararon culpables siempre tuvo un mismo sujeto: el joven que los había convocado a todos para el asalto en la autopista y que todavía no ha sido capturado.

De acuerdo a la planimetría, quien disparó no estaba al ras del suelo sino que mientras, frenético, apretaba el gatillo, se mantenía sobre una superficie ligeramente elevada.

En la zona boscosa que delinea el kilómetro 194 de la autopista Valencia-Puerto Cabello, hay un camino sin vegetación que invita a internarse en la maleza. Allí hay una incipiente loma de tierra que esconde un tubo de plástico que recorre buena parte de la vía.

Por ese camino llegaron los maleantes que atacaron a Mónica. Y desde esa lomilla disparó el Gato. Mientras su mano escupía plomo, caminó para abrirse paso. Por eso la trayectoria de un solo tiro se mostró en línea recta: el que quebró la ventana de la puerta del copiloto; los demás, dibujaron líneas diagonales que nacían desde la parte de atrás del carro.

Todos los tiros fueron disparados desde el lado derecho del Toyota Corolla hacia el izquierdo, de atrás hacia delante, a distancia, y fueron ligeramente descendentes. Y fue así, porque cuando los hampones alcanzaron a sus víctimas, llegaron desde la parte posterior del carro.

A Mónica la alcanzaron dos balas. Una que hirió su brazo y entró por la axila derecha y otra que quedó alojada en el glúteo de ese mismo lado. El estudio planimétrico indicó que cuando fue herida por los dos disparos, Mónica estaba inclinada hacia Thomas Henry. El tirador tuvo dos posiciones distintas. El primer disparo que recibió Mónica fue el del glúteo, pues el pistolero estaba ubicado hacia el diagonal derecho de la víctima, de pie, en un plano superior. Para cuando recibió el segundo impacto, el asesino seguía en un plano superior, de pie, pero ahora estaba hacia el lateral derecho de la víctima. Siempre a distancia.

Thomas Henry fue blanco de un solo tiro que lo alcanzó

en la parte izquierda del pecho. Para cuando lo recibió, él estaba con el torso girado hacia la derecha, contorsionándose hacia la parte posterior del vehículo, con los brazos extendidos. El maleante estaba a distancia, en un plano superior, de pie y ubicado hacia el diagonal derecho de Thomas Henry.

En el estudio no hubo evidencia de que el Gato rematara a alguna de las víctimas, cuando se montó en la plataforma de la grúa, para robar lo que hubiese en el Corolla.

ESCENA 12

INTERIOR.
SEDE DEL 171 DE VALENCIA.
NOCHE.

Diez días después de ocurrir el crimen, dos funcionarios de Protección Civil Carabobo fueron despedidos por no haberle prestado apoyo a Mónica cuando llamó por teléfono al 171 para pedir una grúa que los auxiliara.

Eugenio Salinas y José Sánchez, ambos rescatistas, habían sido destacados el 6 de enero al comando de emergencias 171 de Puerto Cabello. Su trabajo era atender llamadas referidas del *call center* y agilizar la logística necesaria para auxiliar a los usuarios que reportaban emergencias.

Unos diez minutos antes de que ocurriera el tiroteo, Mónica llamó y fue atendida por Eugenio Salinas. La llamada fue grabada.

Eugenio Salinas conversó con ella.

—Disculpe, pero no podemos ayudarla.

—¿Por qué?

—Porque no hay unidades disponibles.

—¿Cómo que no hay unidades disponibles?

—Pues no hay, señorita. Y eso es responsabilidad del director de Protección Civil Carabobo. Él es el responsable de que no existan ambulancias para atender emergencias.

La llamada finalizó.

Diez días después hubo represalias por la revelación que hizo Eugenio. La envergadura del caso obligó a investigar si la pareja había pedido ayuda ante los organismos regulares aquella noche. En la revisión del teléfono de Mónica se dieron cuenta del número y decidieron pedir la grabación.

El contenido de la cinta descubría, o confirmaba, la crisis que sufren algunos organismos de rescate; y en Venezuela, hablar de ineficiencias de instituciones que dependan del sector oficial pareciera ser una traición a la patria. Por eso se suele endilgar la precariedad a una conspiración fraguada desde las mismísimas entrañas de los adversarios. La opción, nunca, es asumir responsabilidades.

Así que Eugenio había conspirado y había que castigarlo.

Pero la verdad era que para ese momento, los 4650 kilómetros cuadrados de todo el estado Carabobo eran asistidos por ocho ambulancias de Protección Civil y veintidós grúas de otras instituciones, enlazadas con el servicio de 171. Pero nadie acudió.

—No es solo un problema operativo el que estamos viviendo, sino de actitud ante el trabajo. De saber prioritarias las necesidades de quienes llaman al 171 con una emergencia. Quizás sea porque el 70%, de las ocho mil llamadas que se reciben cada día en el servicio de emergencias, resultan ser falsas.

El funcionario que criticó su labor y la de sus compañeros prefirió mantener anónima su identidad. No quiso volverse un conspirador abierto.

Unos días más tarde, y después de que la propia institución desmintiera la destitución de los dos funcionarios, Eugenio y José fueron restituidos en sus cargos.

La orden que se giró después fue la de no ofrecer ningún tipo de declaraciones.

ESCENA 13

**EXTERIOR.
EL PASILLO DE LA MUERTE.
DÍA.**

La cantidad de asaltos que han ocurrido en la autopista Valencia-Puerto Cabello no está registrada estadísticamente por ningún cuerpo de seguridad. El número es anecdótico.

La cifra de homicidios, o de heridos a tiros, consecuencia de asaltos ocurridos en esos cincuenta kilómetros del centro del país tampoco es un tema cómodo para los funcionarios del Cuerpo de Investigaciones Científicas Penales y Criminalísticas. Por eso no lo revelan.

Pero la prensa regional y nacional sí tiene un registro de lo que en la noche ocurre en "el pasillo de la muerte". Así bautizaron recientemente el pedazo de asfalto que une el peaje de Taborda con el distribuidor de Bárbula, porque por lo menos una persona al año es asesinada en ese trayecto, y al menos tres sobreviven, pero lesionados.

El martes 7 de febrero de 2012 fue uno de esos días en los que las malas noticias saben a pólvora.

Alexis José Sierralta Rodríguez iba sentado en el asiento improvisado por el bulto del motor de una Encava, que había sido identificada con el número 39 en la línea de transporte Independencia. Completaría el recorrido Valencia-Puerto Cabello. Iba con su esposa.

En el puente de Bárbula, más o menos comenzando el recorrido, una joven y un joven detuvieron la unidad y la abordaron. Ambos se quedaron cerca de la puerta.

Cuando ya estaban próximos al kilómetro 171 de la autopista, justo a la altura del sector Altos del Café, el joven desenfundó su arma y amenazó con disparar si no entregaban todo lo que tuvieran y fuera de valor. La muchacha, perita en su tarea de nutrir el botín, se dejó ir por las butacas sin perder el equilibrio ni la lucidez y completó su trabajo desde la parte de atrás.

Alexis fue uno de los últimos en recibir la orden de guardar en el bolso de la ladrona su teléfono, reloj, cartera y alguna joya escondida bajo la ropa. Pero él decidió entregar su valentía y forcejeó con el joven armado. El muchacho cobró con un gatillazo la afrenta y luego empujó el cuerpo de Alexis por la puerta del *porpuesto* que iba en marcha.

El cuerpo de Alexis cayó en el kilómetro 171 del "pasillo de la muerte". Ante la confusión, el conductor de la unidad número 39 se detuvo poco antes de llegar al kilómetro 172. Sin que nadie pudiera hacer nada, la pareja de ladrones se bajó de la unidad, corrió y se perdió entre la vegetación que está a orillas de la vía.

Funcionarios de la policía del estado Carabobo llegaron a atender la emergencia, pero ya no había nada que hacer, Alexis había muerto. Una media hora más tarde, todos se enteraban de que Alexis era hermano del comisario del Cicpc, José Gregorio Sierralta; para ese momento, director de investigaciones de delitos contra las personas y la integridad psicofísica en Caracas. Hoy, este mismo funcionario, es el director de esa policía.

Un año y un día después del homicidio de Alexis, es decir, el 8 de febrero de 2013, la autopista Valencia-Puerto Cabello sumaba tiros y una vida.

Óscar José Montes Salas se quedó accidentado a las 6:30 de la mañana en el kilómetro 191, específicamente a cien metros después de la salida del distribuidor El Cambur, justo frente a la estación de El Palito-Yagua. Llegaba desde Yaracuy y completaría su recorrido en Maracay. Allí entregaría el cargamento de pollo congelado que llevaba en la nevera de su gandola.

Una falla mecánica en el motor de la Mack, modelo Visión, lo hizo detenerse a verificar. Óscar se bajó, puso unos conos de seguridad y regresó a la cabina de la gandola para llamar por teléfono. Pero antes de que pudiera subirse, fue interceptado por un grupo de antisociales. Óscar se resistió. Gritó, pidió ayuda, intentó burlar a los maleantes, pero no lo logró. El cañón de su asesino fue más rápido; y tres tiros después, ya no hubo más que hacer.

El cuerpo de Óscar fue hallado por algunos moradores de la zona, a quienes les pareció sospechoso el tiempo que ya tenía la gandola estacionada sin nadie a la vista. Al acercarse, se percataron de los tiros que tenía la carrocería de la cabina, y cuando se asomaron estaba Óscar desvanecido en el habitáculo. Tras la llamada de los vecinos de la localidad, llegó una comisión técnica del eje de Homicidios del Cicpc Puerto Cabello, para abrir la averiguación. En el sitio hicieron una rápida colecta de evidencias y luego desplegaron un operativo sorpresa, por diferentes zonas de la parroquia Democracia, para ubicar a los responsables del hecho. Pero tal y como ocurrió con Alexis, las autoridades no dieron con los responsables.

Enero de 2014 no fue un mes fácil para los maleantes que, con sus cañones dispuestos a matar, iban y venían por la autopista Valencia-Puerto Cabello, escondidos en las fauces de una noche negrísima.

El homicidio de Mónica no solo puso ante los ojos del mundo el inmanejable problema de criminalidad que se traga al país, sino que posó la lupa sobre esos minúsculos cincuenta kilómetros de anomia absoluta. Así que la impunidad, por esos días, no era una opción.

Sin embargo, los cincuenta funcionarios del Cicpc apenas habían desarticulado a una sola banda. Quedaban, por lo menos, tres que ellos hubiesen identificado alguna vez. Aunque ya eso no importaba. La opinión pública estaba satisfecha con los resultados. No había que esforzarse más.

Pero la noche del 23 de enero, un ladrón apurado les mostraba, en mayúsculas sostenidas, el tamaño de su equivocación. El excampeón mundial de boxeo, José Sanabria, era tiroteado durante el asalto a un autobús, que recorría los mismos cincuenta kilómetros que, semanas atrás, habían dejado de ser anónimos.

El pugilista regresaba de unas reuniones con autoridades del Ministerio del Deporte, en Caracas, donde había concretado acuerdos importantes para la organización que dirige. José es el presidente de la fundación Glorias del Deporte del estado Yaracuy.

Cuando organizó el viaje no consiguió pasaje directo desde Caracas hasta San Felipe. Por eso llegó a Valencia, cambió de autobús con su esposa y otros amigos, y siguió su recorrido rumbo a casa.

Los dos ladrones también abordaron en el Big Low Center, el terminal de buses de Valencia. Simularon ser pasajeros y hasta pudieron pasar el arma sin que el detector de metales la ubicara.

A las 7:10 de la noche, ya en la autopista Valencia-Puerto Cabello, los maleantes se levantaron de sus asientos: "¡Esto es un asalto!" Entre los dos recogieron el botín hasta que llegaron al puesto de José. El campeón se resistió. Sabía boxear, pero no tenía pistola. Y ellos sí.

El hombre herido era la prueba de que sí eran capaces de disparar, así que nadie más se atrevió a contradecir las órdenes. Después de terminar de recoger lo que les interesaba, los maleantes le ordenaron al conductor detenerse. El chofer se estacionó en el hombrillo, justo a la altura de Las Trincheras. Abrió la puerta y los pistoleros, luego de gritar más amenazas y advertencias, se bajaron y también se arroparon con el denso bosque de los laterales de la vía.

A José lo llevaron en el mismo autobús hasta el hospital donde atendieron a Maya, el Adolfo Prince Lara. Allí lo estabilizaron y luego fue trasladado a un centro de salud privado en Puerto Cabello, donde permaneció varios días en la unidad de cuidados intensivos. El tiro había perforado uno de los pulmones.

Una semana más tarde, José ya estaba en su casa de San Felipe recuperándose.

Claro que a los ladrones los agarraron y los encarcelaron. La investigación determinó que fueron en total cuatro los implicados. Y a todos los arrestaron, los presentaron y los privaron de libertad. Sin embargo, los testigos presenciales del hecho refirieron en sus declaraciones que fueron dos los desadaptados que robaron e hirieron al pugilista.

Uno de los detenidos ya era conocido en los predios de la subdelegación de la policía científica en Puerto Cabello: José Barreto. Identificado solo con su nombre, ese mismo muchacho había ido a declarar el 8 de enero a favor de su mamá, Eva Armas, y de su hermano Julio, tras ser detenidos por estar involucrados en el homicidio de Mónica y de su esposo.

Ahora sí, la familia entera estaba arrestada, solo que en penales distintos y por casos diferentes. Eva había sido enviada al anexo femenino de la cárcel de Tocuyito en Carabobo. Julio, por ser menor de edad, fue remitido al centro de detenciones de menores Alberto Ravell, ubicado en la misma entidad. Ellos dos pagan por el doble homicidio. Y José, por su parte, fue enviado en febrero a la cárcel de Uribana, en Barquisimeto, por el caso del excampeón de boxeo.

Las investigaciones de la policía científica dan cuenta de que en la autopista Valencia-Puerto Cabello comparten fechorías cuatro bandas.

La primera que identificaron fue una que bautizaron como *Los rapiditos*. Integrantes de esta banda también le daban vida a *Los sanguinarios del Cambur*, que fueron quienes atacaron a Mónica el 6 de enero.

Otro de los grupos identificados, con una destacada actuación en diferentes delitos, pero con énfasis en el asalto de autobuses, fueron *Los buseteros*. En junio de 2013, efectivos de la Guardia Nacional Bolivariana, adscritos al Destacamento N-25, arrestaron a cuatro de sus miembros, tras cometer varios asaltos a diferentes colectivos que se detienen a buscar pasajeros en la vía.

Al parecer, los atracadores se esconden en la zona boscosa para no ser detectados por los conductores de autobuses. Cuando se detienen a recoger pasajeros en las paradas, los antisociales embisten a sus víctimas y, apuntando sus armas, los obligan a entregar sus pertenencias. Suelen ser muy violentos; tanto, que a quienes se atrevan a contradecir las órdenes, les disparan. Los asaltos a usuarios frecuentes del transporte público que transita por esa autopista están registrados en los medios de comunicación impresos de la región caraboteña.

Las estrellas y *Los porteños* son otras dos agrupaciones de ladrones armados que suelen utilizar la misma modalidad que *Los buseteros*. Sin embargo, *Los porteños* se especializan en robar únicamente a los conductores y usuarios de carros particulares que ofrecen servicios de *porpuesto* y que prestan servicio de transporte hasta las entrañas de El Cambur: El Churro, Pueblo Nuevo y La Pastora.

✶✶✶

Los sanguinarios se convirtieron en una estirpe. Sus inicios quedaron registrados hace quince años cuando operaban en el viaducto La Cabrera y la Autopista Regional del Centro (ARC). De acuerdo a los archivos policiales, estos delicuentes fueron responsables de muertes, ultrajes y robos.

Las autoridades se jactan, orgullosas, con el logro de haber erradicado, hace poco más de un año, a este grupo de esa zona. Sin embargo, hay usuarios que aseguran haber sido víctimas de los herederos o imitadores más jóvenes: gruesas y afiladas agujas responsables de llantas averiadas, piedras enormes e impertinentes que obligan a hundir el pie en el pedal del freno, cañones apurados, órdenes y amenazas. Todo eso entre Caracas y Valencia.

Pero si no hay denuncias, no hay delitos. Para las autoridades, esas dos negaciones se convierten en sinónimos. Así que en los registros estadísticos de la policía no hay número que respalde el testimonio de las víctimas de estos grupos.

Otra de las bandas "erradicadas" es la denominada *Los jardineros*. De vez en cuando operan en la Autopista Regional del Centro entre Aragua y Valencia, y copian la modalidad de *Los sanguinarios*, solo que le agregan bolsas negras cargadas con cemento o bosta.

Pero además de *Los jardineros* y *Los sanguinarios*, la banda de *El sabielito* y de *Los Landaeta*, han actuado en esa importante arteria vial durante mucho tiempo.

Los Landaeta, a diferencia de los demás, se dedicaban al robo de cargas pesadas.

Los asaltos, las muertes y los lesionados siguen sumando víctimas. Sobre todo en los cincuenta kilómetros que le dan forma al "pasillo de la muerte". Ni el patrullaje inteligente de la Policía Nacional Bolivariana —implementado después de los homicidios de Mónica y de su esposo—, del trabajo incansable del Cicpc para erradicar las bandas, y de los puntos de control dispuestos en la vía por la Guardia Nacional Bolivariana, han logrado evitar que la noche siga siendo el escenario para que asaltantes cometan sus fechorías.

ESCENA 14

INTERIOR/EXTERIOR.
UNA MUJER QUE "OCURRÍA".
DÍA.

Quienes conocieron a Mónica y se apuran en definirla, sin querer, llegan a convertir el brevísimo concepto en un lugar común: la encarnación de un espíritu celeste que, además, la transcendía.

"Era un ángel".

—Ella parecía que no pisaba la tierra. La sensación que uno tenía con Mónica era que estaba como diez centímetros por encima de la tierra. Ella "ocurría", no estaba; ella, sencillamente, "ocurría".

Elba Escobar, una de las primeras actrices de Venezuela, compartió con Mónica el set de *La mujer perfecta*. Mónica era Micaela Gómez, y Elba su mamá.

—Fue una relación particular, excepcional, que yo nunca había tenido con ninguna actriz en ninguna novela. Yo he hecho de madre de montones de actrices y actores, y no tuve la complicidad que sí tuve con Mónica. Pero es que ser mamá de una persona que tiene el síndrome de Asperger, que era el personaje de ella, se convierte en una relación muchísimo más sutil que la relación franca, abierta, de tú a tú que se tiene con un hijo cualquiera, y de alguna manera eso fundamentó nuestra relación de trabajo. Mónica y yo logramos entendernos y establecer una relación que iba mucho más allá del diálogo. No nos hacía falta conversar mucho. No nos hacía falta instalarnos a cotorrear. Ella tenía sus amigas de su generación, una completamente distinta a la mía, y sus amigas de la profesión; pero entre nosotras, se estableció un vínculo que no necesitaba muchas palabras. Es como que había una instancia en nuestros espíritus, una comunicación de almas, en la que no necesitábamos explicarnos tanto...

Hubo momentos de admiración mutua, de respeto, de conexión, de adoración infinita. Pero el clímax de todo ocurrió un día de grabación. Era un escena difícil, así que Mónica miró a la cámara y pidió unos minutos de calma para su personaje. El tono fue suave, sutil, pero al mismo tiempo impuso su presencia. Se hizo un silencio ritual.

—Ese es un momento que honra muchísimo al actor. Es un silencio en el que sabes que ese ser humano está honrando profundamente a ese personaje para darle el mayor nivel de verdad posible para que la gente lo ame y se lo crea. Es un silencio que te dice que esa persona que está allí le está dando su alma, su respiración, su corazón, su sudor, su espíritu... Ese momento es "una joya de momento" porque cuando uno se atreve, como hizo Mónica, a levantar su manito a cámara y hacer un pequeño gesto, que todos entendimos, ahí es cuando nace el personaje. Y ahí,

ese día, en ese instante, nacía Micaela Gómez. Logró agarrar el personaje para no soltarlo más nunca. Ese fue el
mayor momento de respeto y adoración, yo me babeé con
ella y recuerdo que pensé: "Qué maravilla, qué única, Dios
la bendiga".

Mónica fue una profesional acuciosa, estudiosa y respe-
tuosa con la actuación. Era de esas que hacía un trabajo
de filigrana. Para el papel de Micaela Gómez, en *La mujer
perfecta*, ella estudió a fondo el síndrome de Asperger, incluso antes de comenzar las grabaciones. Varias veces se
reunió con una doctora que había logrado diagnosticar, en
algunos niños, este cierto grado de autismo. Su compromi-
so con el personaje fue tan arraigado, que desde entonces
se entregó a colaborar con dos fundaciones que se encar-
gan de guiar a niños y jóvenes especiales: Asodeco y la
Fundación Asperger de Venezuela. Era su embajadora.

Mónica estudió actuación en Estados Unidos, en la Universidad de Florida Central. Comenzó con dieciséis años y, tres
años más tarde, se graduó. Por haber completado sus estudios
en ese período, cuando la carrera suele finalizarse en cuatro,
ella se convirtió en estandarte de esa casa de estudios.

Pero esa no fue la única vez que el nombre de Mónica
recorría los pasillos de esa institución. Cuando comenzó,
fue parte del 3% de los mejores estudiantes de todo Esta-

dos Unidos. En ese momento cursaba Ingeniería. Pero un año después cambió a Arte Dramático.

El giro vocacional se dio en la iglesia evangélica a la que asistían Mónica y sus hermanos. Ella se ofreció para hacer un *sketch* de diez minutos. Cuando terminó y vio la reacción de la gente, se dio cuenta de que eran muchas las emociones que podía mover en los otros.

Al percatarse de aquello habló con su papá y le dijo que quería cambiarse de carrera. Rafael Spear, sin dudarlo, la apoyó.

—Debes estudiar algo que te haga feliz. Es triste trabajar en algo que no te guste. La felicidad es lo más importante de la vida.

Ese consejo se lo dio Rafael, una tarde camino a Miami. Los dos iban desde Orlando a buscar a Inge, la mamá de Mónica, al aeropuerto.

Y así, con el apoyo de su familia, Mónica estudió lo que quería. Alternó sus quehaceres universitarios con un trabajo en Universal Studios. Ahí encarnó a Cleopatra y a un pingüino. Mónica, en la última entrevista que concedió en *Detrás de las cámaras*, para *Televen*, contó ese momento de su vida.

—Trabajaba para pagar mis cositas, pues, porque mi papá me pagaba la gasolina y los estudios. Entonces mis gustos yo me los ganaba. Yo trabajé en Universal Studios como Cleopatra. Era una egipcia en las noches y me acuerdo que también fui una pingüina; se llamaba Percy y usaba como una peluca que era grandísima, azul, y un vestido divino. Me acuerdo una vez que yo estaba con un niño... y yo el inglés, pues... yo tengo mi acento. Y me salía horrible la conversación. Era comiquísimo, la pasé divino. Me fascinaba porque interactuaba con los niños y no era yo, era un personaje... Fue verdaderamente espectacular, divino, me lo disfruté muchísimo.

Su padre no la veía muy seguido por la casa, pues además Mónica se dedicó a inscribir más créditos de los permitidos oficialmente para poder concluir su carrera rápidamente. Ella quería actuar.

Para cumplir su sueño siempre pensó en tierras venezolanas, pero necesitaba un trampolín. Al ver a Mariángel Ruiz concursar en el Miss Universo pensó que el Miss Venezuela sería ese impulso que requería para que la conocieran. Para ella Mariángel era una mujer que transmitía mucha naturalidad, y con eso se sintió identificada. Mientras veía el certamen, Mónica escribió en un papel:

"Soy Miss Venezuela 2004".

Su papá fue su mejor cómplice. La llevó cuantas veces hizo falta hasta Miami, para que allí Katty Pulido —dueña de una agencia de modelaje en esa ciudad, organizadora de concursos de belleza en Venezuela y colaboradora de Osmel Sousa, el presidente de la Organización Miss Venezuela— la orientara en todo lo que debía mejorar. Fueron días de ejercicios, de trabajo y de estudio. Estaba ya terminando la carrera. Tenía diecinueve años.

✱✱✱

Mónica y su mamá, Inge Mootz, fueron las últimas de la familia en irse a Orlando. Seis meses después de que todos ya estuvieran instalados, llegaron ellas.

El trámite para el exilio comenzó en 1995, cuando Rafael decidió recuperar la residencia que, por ser hijo de estadounidense, le correspondía. Cinco años tardó en resolverse el papeleo. Su hijo mayor, Rafael Eduardo, ya pisaba los veintiún años y no pudo heredarla en línea directa. Pero los demás, Carolina, Mónica, Javier y Ricardo, sí.

Cuando ya los trámites estuvieron listos, Mónica aún no terminaba el quinto año de bachillerato en Maracaibo, donde nació, pasó su niñez y parte de su adolescencia. Inge debía gestionar la jubilación temprana en la industria petrolera. Así que todos, menos ellas dos, se fueron.

Pero ya en junio de 2001 la familia estaba completa. Los hermanos de Mónica, incluyendo al mayor, estaban estudiando y trabajando. Hoy todos siguen en distintas ciudades de Estados Unidos.

En junio de 2004, con todos los exámenes finalizados y con su título en la mano, Mónica llegó a Caracas con su mamá para participar en el Miss Venezuela. Y tal y como lo habría decretado, logró ser coronada el 23 de septiembre.

Junto con la corona llegaba Thomas Henry a su vida. Esa noche lo conoció. Él, que vivía en ese momento en Miami, había ido al concurso a apoyar a su novia, Andrea Gómez, una joven que se disputó el cetro con Mónica pero que solo logró quedar en el cuadro de finalistas.

Dos años más tarde, luego de participar en el Miss Universo y no alcanzar el reinado, Mónica regresó a Venezuela y comenzó a trabajar como actriz en *Radio Caracas Televisión*. En el canal quisieron darle un papel sin importancia, ni siquiera le pidieron un casting. Pero ella quería que la trataran como a una profesional de la actuación y exigió someterse a la prueba. Así logró su primera caracterización en *El desprecio*. Su desempeño hizo que los directivos la tuvieran presente para protagonizar *Mi prima Ciela*; y luego, en 2010, *Calle luna, calle sol*. Su audiencia nacía y crecía.

Mientras se convertía en una de las protagonistas venezolanas más queridas, Mónica, la de la vida real, se consiguió de nuevo con Thomas Henry. Él la contactó cuando, en 2006, volvió a Venezuela para visitar a su familia. Ya había terminado con Andrea hacía tiempo.

Luego de las primeras citas, Mónica llamó a Andrea, pues se habían hecho amigas en el Miss Venezuela.

—¿Tú tienes algún interés por Henry todavía? ¿No sé, alguna intención de volver con él?

—No, a mí Henry ya no me interesa.

—Perfecto, porque a mí sí.

Después de esa conversación decidieron seguir juntos. Pero Thomas Henry debía regresar a Miami para resolverlo todo y poder regresar sin pendientes al país. En 2007 lo logró. Mónica estaba ya en Venezuela entregada a su trabajo como actriz.

Los meses que estuvieron separados se llamaban varias veces al día. Amigos de Thomas Henry recuerdan con gracia aquellas larguísimas conversaciones.

—Estaban enamoradísimos.

Cuando Thomas Henry por fin regresó al país, la relación se consolidó. Viajaron por toda Venezuela. Además de las playas y el Ávila, su sitio favorito era La Gran Sabana. Fueron muchas veces cuando eran novios y luego regresaron con Maya. Compartían esa necesidad por la naturaleza venezolana.

En 2008, luego de un año y medio de noviazgo, Mónica quedó embarazada. Thomas Henry, al conocer la noticia, le propuso que vivieran juntos para evaluar si la convivencia no estropearía lo que ya habían construido. Pero ella no quiso. Su papá, Rafael Spear, no aceptaría que aquello fuera así.

—Mejor vamos a casarnos, Henry.

—Dale, está bien, vamos a casarnos.

El matrimonio se celebró en Margarita. El mar, delimitado como playa Guacuco, bendijo el enlace. Fue una reunión íntima en Los ranchos de Chana. Ya Mónica era una celebridad y prefirieron discreción. Solo familiares y amigos de siempre se congregaron para felicitar a la pareja. Fue una fiesta sencilla.

En octubre de ese mismo 2008 nació Maya, y Mónica decidió retirarse por un año de la actuación para disfrutar de su maternidad.

Thomas y Mónica compartían los deseos desbocados por conocer cada rincón de Venezuela, la necesidad impetuosa por el Ávila, y las ganas por recibir esa energía electrizante de La Gran Sabana. Todo esto siempre quisieron enseñárselo a Maya. Por eso, cada vez que podían, recorrían las interminables rutas nacionales para conocer, admirar, respirar, amar, sentir, vivir.

En 2010, después de su rol protagónico en *Calle luna, calle sol*, Mónica hizo un último papel para *RCTV Internacional*, y luego fue contratada por *Venevisión* para que le diera vida al personaje que marcó su carrera: Micaela Gómez en *La mujer perfecta*. En *Detrás de las cámaras*, Mónica habló de lo gratificante que fue para ella representar a una joven con síndrome de Asperger.

—Yo en particular me considero una persona, no igual a todo el mundo. Me considero diferente. Todos somos diferentes, pero yo además soy un poco más diferente. Bueno, apoyando a todas las personas especiales. Por lo menos en estos días escuché una nota, de que cuando hice esa historia de *La mujer perfecta,* una muchacha de veintisiete años viendo la novela dijo: esa muchacha se parece a mí, y fue al médico... Ella decía que ella era rara, que era diferente y fue al médico y le dijeron: ay, mi amor, tú no eres rara. Es que tienes esta condición: síndrome de Asperger... Saber qué es lo que tienes es muy importante. No tiene nada de malo tener eso. Me llenó muchísimo y sentí que apoyé a todos esos seres especiales que están aquí por una razón. Yo creo que las personas especiales están acá para compensar con el amor, para atraer amor, para la espontaneidad. Yo los admiro muchísimo por la espontaneidad, porque no tienen miedo de ser como son. Porque es que son así, entonces me encanta. Me llenó muchísimo esa historia.

Un año más tarde firmó con *Telemundo* y se comprometió a ser exclusiva de la cadena televisiva para dos novelas: *Flor salvaje*, que fue grabada en Colombia, y *Pasión prohibida*, rodada en Miami.

La protagonización de *Flor salvaje* fue compartida con Norkys Batista, con quien comenzaría, luego, una amistad importante.

✱✱✱

El primer encuentro entre Mónica y Norkys fue en un casting que ambas debían realizar en los estudios de *Telemundo*, en Colombia.

—Cuando llegué a Bogotá, conocí a una muchacha completamente seria, dispersa, distraída, con una mirada perdida. Podía hacerte sentir que estaba molesta por la situación, que no le gustaba lo que estabas haciendo. Muy incierta. Un personaje muy particular el de Mónica.

Norkys es una mujer que transpira solidaridad y sencillez. Van en su sangre, en su piel. Así que ante aquella persona tan enigmática, ella decidió acercarse, metérsele, ganársela. La tarea fue titánica porque Mónica no le daba cabida.

—Recuerdo que me le acerqué y empecé a peinarla y rápidamente me di cuenta que le desagradaba mi mano en la cabeza. Mientras íbamos haciendo las escenas yo notaba que ella se desaparecía y se echaba a llorar. Yo me decía: "Un poco rara la niña, pero bueno es su personalidad".

El casting estuvo envuelto en antipatía.

—El ambiente estuvo un poco pesado, aunque yo traté de cambiar eso, pero fue rudo… cuando ya nos teníamos que regresar de Bogotá a Caracas, que ya habíamos hecho el casting, las dos éramos protagonistas, ni siquiera quedamos como figura y contrafigura, no, las dos quedamos como protagonistas… Antes de irnos al aeropuerto, se acercaron el productor y el director hasta el carro donde estábamos Mónica, Lorena Scott, la mánager de las dos, y yo. Y ellos le preguntaron de una forma muy particular a Mónica que cómo se había sentido. Mónica, muy seria, sin mirar a los lados, sin medir palabras, dijo: "Bueno, no muy cómoda, sentí que me quitaron toda mi energía. No fue mi mejor momento". Yo me sorprendí mucho porque de inmediato sentí que era conmigo, era muy evidente. Mi mánager, que estaba sentada de copiloto, se quería morir, se volteaba y me miraba.

Pero Lorena ya le había advertido a Norkys que Mónica tenía un carácter especial. Solo había que tenerle paciencia. Camino al aeropuerto, Norkys encaró a Mónica. Fue un monólogo.

—Mónica, en referencia a lo que dijiste, me da la impresión de que tu comentario fue hacia mí. Te voy a decir algo: nunca en tu vida vuelvas a decir que alguien te quita la energía porque estarías quitándotela tú misma. Nadie es capaz de quitarte tu energía. Tu energía te la quitas tú. Le das fuerzas con tu mente a lo que quieres. Eres brillante. Quiero que sepas que estoy feliz de estar aquí… He admirado tu trabajo. Siento que tienes un ángel especial; no sé cuál es, pero me gusta. Tu personalidad no me importa. Me importa tu ángel y eso fue lo que me atrajo de saber que iba a estar contigo.

Mónica comenzó a desdibujar su indiferencia. Sus ojos sostuvieron los de Norkys durante toda la charla. No atinó a decir algo. Solo tomó aire, hizo una pausa y comenzó a llorar. Norky no dejó que esas lágrimas la interrumpieran. Aprovechó para contarle de sus orígenes, de su lucha, de su carrera, de su hijo…

—Mónica, no pasa nada. Si te sientes así, llora, eso está bien, pero de verdad nunca más permitas que nadie bordee tu círculo. Que tu círculo seas tú. Que el mundo se caiga, pero que ese círculo nadie lo pase, eres tú la única responsable de eso. Mírame a los ojos y sigue llorando, que te duela lo que te estoy diciendo porque sabes que es verdad. Fuiste tú la única que se quitó la energía y echaste a perder lo que quizás pudo haber sido mejor, aunque a mí me encantó. Yo, mi amor, ¿mañana me están llamando para grabar contigo?, ¡feliz! ¡Me encantó!

Llegaron al aeropuerto. Mónica limpió su rostro. Su aprehensión desapareció y luego de chequearse, almorzaron las tres. Conversaron, bromearon, compartieron algunas anécdotas. Pero al abordar el avión, Mónica prefirió sentarse sola. Lorena, para que ella no se sintiera mal, tomó la misma opción. A Norkys no le importó. En Caracas se despidieron y cada quien se fue a casa.

Al día siguiente, Norkys recibió un trino privado por Twitter. Era Mónica dándole las gracias por aquel discurso de kilómetros hasta el aeropuerto de Bogotá. En sus palabras había agradecimiento, humildad, sensibilidad.

—Había un ángel que soltaba palabras, era una persona extraña la que escribía. Recuerdo que me dijo: "Norkys, eres un ángel que llegó a mi vida en este momento para decirme las palabras que me merecía. Tienes razón, nadie volverá a quitarme mi energía".

Cuando comenzaron a grabar *Flor salvaje*, germinó una bonita amistad. Las dos decidieron llevarse a sus hijos a Colombia y hasta compartieron el cuidado de los niños en días de grabaciones intensas.

—En ese tiempo empecé a conocer esa parte humana de Mónica, que también era muy extraña. A ella le daban ataques de risa que no podía parar, y de repente se echaba a llorar. Ya yo la entendía, yo sabía que esa era su personalidad y no había discusión. Mónica era extremadamente sensible, no era muy cariñosa, pero era una persona muy especial... Llegó un momento en el que nos compenetramos tanto que llegué a conocer su vida personal, justo cuando empezó a atravesar la separación. Estaba la niña de por medio. Yo ya había pasado por eso, y solo trataba de explicarle que mejor no lo hiciera. Que no se divorciara. Que al final se iba a dar cuenta de que el hombre, que era el padre de su hija, era un buen hombre; que era el hombre con el que al final iba a terminar.

Mónica llegó a tener una conexión inexplicable con Norkys. Tanto que en días de grabaciones, cuando Norkys no tenía que ir al set, ella pedía que la llamaran. La necesitaba para poder llorar.

—Me llamaba a preguntarme si no iba a grabar. "Norkys, necesito que vengas, tengo mucho llanto hoy, necesito que vengas para agarrarte la mano, verte a los ojos y poder llorar". Yo no sé qué conexión encontraba ella en mí. Ya los productores, todo el mundo en el estudio, cuando no estaba Norkys, necesitaban a Norkys para que Mónica pudiera llorar. Le daban ataques de risa que se quedaba pegada...

Cuando terminó la grabación, la relación entre Norkys y Mónica se estacionó. Mónica se tomó cuatro meses para ir a Francia a perfeccionar su francés. Una de sus metas era incursionar en la gran pantalla de ese país. Estuvo con su hija todo ese tiempo. También visitó Grecia. Entre ruta y ruta, decidió que era tiempo de un cambio, así que cortó su larguísima y negrísima cabellera.

Concluidas las vacaciones, Mónica arribó a Miami; ahora para cumplir su segundo papel protagónico en *Pasión prohibida*. Durante los primeros meses estuvo distraída, desconcentrada, incompleta. Pero cuando pudo gestionar la llegada de Maya, la nana de la niña y su gata, su mundo estuvo completo y su trabajo volvió a brillar.

En la gala de los Premios Inter, Norkys y Mónica se reencontraron y planificaron verse en enero, pues Norkys aún no había terminado de grabar *De todas maneras, Rosa*, con *Venevisión*. Irían en un plan familiar a Los Roques. Había que actualizar andares, consejos, vida... Pero no hubo tiempo.

—Llegué a querer a Mónica más de la cuenta. Entendí que no estaba loca, que no tenía ningún problema, sino que era un ser humano especial, como pocos; que es de verdad. Que te decía lo que no le gustaba porque de verdad no le gustaba. Era una persona franca, honesta, no era un disfraz. Era una persona real, especial... Prudente, silenciosa, modosita... Cuando supe por boca de su tía favorita que en el último correo que Mónica le escribió, le contaba que lo iba a intentar de nuevo con Thomas Henry, me sentí feliz. La tía me dijo que escribió: "Norkys tenía razón cuando me dijo que podemos vivir una y mil experiencias, pero que al final nos damos cuenta de que si tomamos una decisión apresurada nos podemos arrepentir después".

✳✳✳

Al concluir las grabaciones en Miami, Mónica regresó a Venezuela justo a tiempo para inscribir a su hija para el nuevo año que comenzaba en septiembre de 2013. Esos meses se los dedicó por completo a Maya. Además tomaba clases de francés, danza árabe y flamenco.

Katty Pulido la visitó el 12 de diciembre. Así lo publicó el regional zuliano *Panorama*: "Fue la última vez que nos vimos en su residencia. Era muy ordenada, bella, al estilo de la Colonia Tovar, con cosas de madera. Recuerdo que tenía un arbolito navideño de pino natural. Me cocinó una rica crema de auyama con vegetales, hablamos mucho de su trabajo en Asodeco".

Mónica refiere el mismo perfil, amaba el sushi y disfrutaba bailar salsa, así como vestirse con una manta guajira en su apartamento, quizás por ese arraigo a su tierra natal. Esos días de diciembre tenía una visita pendiente a Maracaibo para ver a su abuela materna, quien enfrentaba fuertes problemas de salud. El viaje lo planificó para enero. Iría con su mamá.

✳✳✳

A las 4:30 de la mañana del 31 de diciembre de 2013, Mónica, Thomas y Maya salieron de Caracas, rumbo a Mérida, donde recibirían el venidero 2014. Llegaron al destino cerca del mediodía y su primera parada fue una farmacia, pues la pequeña tenía alergias.

Los medicamentos los compraron en la farmacia San Miguel, ubicada en el corazón de Mérida. Las vendedoras reconocieron a Mónica. Después de emocionarse y saludarla, le preguntaron por esa visita que hacía a la ciudad. Ella les contó que andaba de turista con su esposo y su hija, y les explicó que la medicina era para la pequeña. También les comentó que estaba muy contenta con el viaje y con el reencuentro con los vientos merideños.

Antes de regresar a Caracas, los esposos decidieron pasar por los llanos. Thomas tenía unos contactos para poder hacer un tour relámpago. Pasaron un par de días en Apure. El 6 había que regresar. El recorrido no fue directo. Hicieron varias paradas en el camino, por eso se les hizo de noche.

En la agenda de Mónica quedaron proyectos. El 9 de enero tenía un ensayo en la Villa del Cine para un cortometraje que debía comenzar a rodarse entre el 13 y 14 de ese mes. Sería su primera incursión en el cine. Además, se había comprometido a impulsar una campaña contra el acoso a personas que presentan discapacidades. También tenía contactos en Hollywood, según le contó a su papá, para entrar al cine estadounidense. Luego gestionaría su salto a la pantalla grande francesa y entonces sus metas profesionales se habrían completado.

Y aunque el éxito impulsó siempre su carrera, el verdadero logro, el que para Mónica resaltó fluorescente, siempre fue su niña. Era su norte, su vida, su hogar, su amor... "Yo tengo una meta muy grande en esta vida, que es guiar a mi hija en el mundo".

Dos balazos acabaron con ese amoroso propósito.

INTERIOR/EXTERIOR.
UN INGLÉS A LA VENEZOLANA.
DÍA.

Thomas fue un aventurero impenitente, un amante apasionado de esa Venezuela que solo le faltaba llevar en la sangre, y un risueño sin interrupción.

Quiso a sus amigos profundamente y se lo demostraba a punta de ánimo, consejos y abrazos.

—Para ser británico es muy cariñoso. Demasiado. Porque ni nosotros aquí en el país somos así, pero nos acostumbramos. Esa es…, perdón, era su forma de ser.

Luis Carlos Domínguez transpira emprendimiento. Tiene la mirada ingeniosa y desconfiada. Mientras turna un chocolate caliente con una Minalba Sparkling, interrumpe a sus otros dos amigos y habla de Henry, no de Thomas, en presente. Todos hacen la salvedad del nombre, porque quienes lo conocieron desde aquellos años de infancia lo aprendieron a llamar así, Henry; tal y como lo hacían en su casa para diferenciarlo de su padre.

Carlos Cárdenas y Francisco Contreras tienen estampada en su ojos la sonrisa de Henry, el cariño que le tenían, las anécdotas incontables y el vacío que dejó. Quizás por eso se aferran tan fuerte a conjugarlo en presente.

Los tres coinciden en que la naturaleza era parte de la esencia de su amigo. Carlos y Francisco vivían en el mismo edificio donde vivió Henry desde los siete años: Los Tulipanes, en Los Palos Grandes.

—Le gustaba experimentar cosas que tuvieran lógica. Le encantaba la naturaleza. Compartíamos siempre idas para el Ávila. De pequeño estuvimos en los boy scouts. Y también hacíamos cosas en el mismo edificio, como campamentos, cuando éramos niños.

Carlos y Francisco se mantuvieron en la vida de Henry hasta el último día. Con ellos, y con Luis Carlos, conversó poco antes de ser asesinado. Era una amistad de todos los días.

Con Luis Carlos fundó Arekay, la empresa de turismo de aventura que gerenciaba cuando lo mataron. Y con Carlos vivió una temporada en Miami. El exilio fue el mejor placebo para mitigar, o al menos para intentarlo, el dolor que había quedado tras ver a uno de sus mejores amigos morir a tiros.

Una noche del año 2000, Henry, Jesús Mejías y Félix Pernía regresaban de jugar futbol. Henry manejaba un Toyota Machito que era de su papá. Transitaba por la tercera transversal de Los Palos Grandes, poco antes de las 10 de la noche. Estaban estacionados porque Félix se quedaría en su casa. Mientras se despedían, los interceptó un primer hampón. Apuntándoles el cañón de una pistola, les ordenó que se salieran del carro. Todos obedecieron y empezaron a bajarse del Machito. Pero un segundo maleante, que ninguno de los tres logró ver, y que tenía el dedo inquieto, apretó el gatillo.

Jesús y Henry no pudieron evadir las balas apuradas de aquel cañón que empuñaba el desadaptado; Félix, sí.

La imprudencia del antisocial los obligó a huir sin el botín. Los dos ladrones corrieron, y a una cuadra estaba un tercer cómplice esperándolos en un carro con el motor ya encendido.

—Nadie sabe lo que pasó ahí. Henry no habría opuesto resistencia, especialmente porque el carro estaba asegurado. Él nunca supo por qué el hombre empezó a disparar.

Thomas y Carole, los padres de Henry, no entienden qué fue lo que pasó. Para ellos fue un momento de dolor y miedo inagotables. Su hijo estuvo al borde de la muerte.

—Fueron cuatro meses de convalecencia pues el tiro dañó buena parte del sistema digestivo. Pero se recuperó y pensamos que ya había pasado lo peor. Que eso no se volvería a repetir. Esa vieja creencia de que la probabilidad de repetir una tragedia es muy remota…

Pero en Venezuela, si de tiros y muerte se trata, las matemáticas se convierten en azar químicamente puro.

El asalto en Los Palos Grandes fue el tercero que por esa época protagonizó Henry. La primera vez le robaron su teléfono como consecuencia de la amenaza inminente de un afilado puñal. Él salía de dar clases de inglés en el instituto Loscher, en la calle Negrín de Sabana Grande, y lo interceptaron. Eran las 9:05 de la noche.

Después fue en La Castellana, también con un arma de fuego de por medio. A las 7:30 de la noche los maleantes se llevaron todo.

✶✶✶

La muerte de Jesús fue un derechazo al alma para Henry. Por eso, cuando estuvo completamente restablecido, decidió que la mejor opción era el exilio. Aunque por momentos dudaba.

El impulso para viajar definitivamente se lo dio el maleante que los interceptó aquella noche desgraciada. El hombre, que había resultado detenido por ese hecho, había logrado una medida cautelar y se dejaba ver por Los Palos Grandes de vez en cuando.

En uno de esos paseos, Henry se lo topó de frente y la impotencia fue su pasaje de ida, sin retorno a la vista.

Para ese momento Henry había fundado, junto con Félix Pernía, una compañía de idiomas. Eso habían estudiado en la Universidad Metropolitana. La oficina funcionaba en la torre B del Centro Plaza. Pero cuando huir se convirtió en una necesidad, los dos decidieron irse a Miami. Primero se fue Henry.

Carlos Cárdenas lo recibió en su casa. Él fue el primero en probar el cliché del sueño americano. Por un año vivió

Henry en la casa de Carlos. En tiempos de exilio, la solidaridad de quienes te reciben, se vuelve un volcán inagotable. Por eso Henry consiguió dar clases de inglés particulares y crecer. Félix lo alcanzó meses después, y juntos abrieron en Weston una sucursal de la compañía.

Laico, una extensión de la escuela de idiomas que Henry y Félix habían echado a andar en Caracas, comenzó a funcionar en Miami.

Después fue Luis Carlos quien llegó a Miami y ahí, tras una distancia de años, se reencontraron.

Luis Carlos, Carlos y Henry habían estudiado en el mismo colegio: Asociación para una Nueva Educación (Apune). La directora era escocesa y el sistema, aunque avalado por el Ministerio de Educación, no seguía las normas venezolanas. Luis Carlos había estudiado con la hermana menor de Henry, así que ya se conocían.

Durante el exilio, la fuerza del cariño construyó bases sólidas para lo que fue una hermandad de años.

—Para Henry, sus amigos eran prioridad. Tanto que adonde iba, siempre tuvo una foto de Jesús. La llevaba en su cartera, la tenía en la oficina, en su casa. Esa pérdida fue muy dolorosa para él.

El deporte fue siempre de los indispensables en la vida de Henry. Buena parte de su vida practicó futbol. Pero en Weston se lesionó. En un partido contra un equipo de evangélicos le golpearon el tobillo y le causaron un absceso que fue creciendo con los años y que nunca quiso operarse.

Tuvo que dejar la cancha. Pero Carlos, adicto a la bicicleta montañera, lo inició en esa disciplina, solo que en Miami no había elevaciones que desafiar.

Henry estuvo cinco años en Miami, siempre con el Ávila en el alma.

Una diligencia lo obligó a regresar a Caracas. Fue una temporada corta pero definitiva. Él ya había conocido a Mónica unos tres años antes, cuando fue a acompañar a su novia al concurso de Miss Venezuela. Así que en este nuevo regreso decidió contactarla y comenzaron a salir.

Tocó volver, pero esta vez con la fecha de retorno más clara que nunca.

—Cuando regresó, empezó a decirme que había estado con Mónica, que quería salir con ella, que ya estaba cansado de vivir en Miami.

Carlos fue su cómplice, tanto en el incómodo trance del exilio, como en la euforia de arreglar cinco años en la maleta para regresar.

—Nunca le gustó Miami porque era una persona muy liberal. Él no era de estar metido en una oficina todo el tiempo trabajando. Ese no era el concepto de Henry, el concepto de él era disfrutar la vida y trabajar.

—Él estaba enamorado de Venezuela.

—Él necesitaba su Ávila, necesitaba su oxígeno. Tú estás afuera y tienes un póster del Ávila grandísimo. Necesitaba su oxígeno que se lo daba su Ávila, su energía que se lo daba el Roraima, y sus playas.

Carlos, Francisco y Luis Carlos enumeran las pasiones de Henry como justificando por qué el sueño americano no era su panacea, como si hubiese que disculparlo por amar apasionadamente una tierra que ni siquiera llevaba en la sangre. Y en el fondo se están justificando ellos mismos, porque los dos, que habían decidido buscar la tranquilidad que Venezuela no da, también regresaron.

Antes de volver, Henry vendió sus acciones de la empresa a su socio. Laico había crecido y ofrecía sus servicios a grandes empresas estadounidenses.

✱✱✱

Ya en Caracas, Henry comenzó formalmente su relación con Mónica y empezó a trabajar como guía en una empresa de turismo. Al ver que el negocio no necesitaba de mucha logística, conversó con Luis Carlos, el más emprendedor del grupo, y le comentó la inquietud y las posiblidades de convertirse en guías turísticos en Venezuela.

—Yo le dije que le echáramos pichón. Compartimos el crecimiento de la empresa. Los viajes. Eso era lo de él. Viajar y mostrar su país. Pero después de unos años yo me tuve que separar. A él le apasionaba eso, y yo tenía que atender mi negocio de distribución de semáforos en Centroamérica. Le vendí mi parte, pero él dejó mi teléfono en la página como apoyo.

De esa bonita experiencia que fue el turismo de aventura por Venezuela, Luis Carlos y Henry abrieron una cuenta en Twitter que se llama @VenezuelaVerde. Era la labor social. Se incentivaba el turismo responsable, el turismo ecológico, el reciclaje.

—Eso era lo que motivaba a Henry: la naturaleza, el país. Era una persona como muy pocas.

★★★

Thomas Henry era inglés. Nació en Londres el 17 de agosto de 1974. Cuando llegó a Venezuela tenía dieciséis meses. Arribaron al país el 1 de enero de 1976.

Thomas, el papá, había aceptado la oportunidad de dar clases de matemáticas en la Universidad Simón Bolívar.

—Yo vine porque me parecía interesante pasar un par de años en Venezuela, pero nunca escapé. En los setenta había mucha esperanza para el futuro y pensamos que los niños iban a tener una buena vida y muchas oportunidades.

Pero la situación les demostró que aquello había sido solo un espejismo y sin embargo decidieron quedarse.

—Aun antes de la muerte de Henry, estábamos preguntándonos si irnos, y aún no tenemos ninguna respuesta. Nosotros vinimos por dos años solamente y nos terminamos quedando... Por un lado las cosas empeoran, pero me parece un poco cobarde dejar el país en este momento, antes de conocer algún tipo de solución; y por otro lado, las cosas no son rosas allá.

Es claro que el sentimiento que Henry profesaba por Venezuela era solo una consecuencia del amor que todavía sienten Thomas y Carole por un país que le arrebató a su hijo mayor y corrió, a punta de incertidumbre e inseguridad, a su hija menor. El temple, la valentía y el agradecimiento de Carole y de Thomas a este pedazo de tierra, colocado en el punto más norte del sur de América, es sencillamente una bofetada a la cobardía.

Nunca se nacionalizaron. Henry siempre fue ciudadano inglés.

—No me he nacionalizado. Y no lo he hecho porque siempre ha sido muy fastidioso conseguir físicamente el pasaporte venezolano por falta de material. Eso ha sido siempre, pero ahora estoy encontrando que se ha vuelto igual de fastidioso conseguir el pasaporte británico. Entonces tal vez me vuelvo venezolano porque si ya los dos son igual de fastidiosos…

Otra vez, bofetada a la cobardía.

La atracción que Henry sentía por la naturaleza venezolana hizo que la relación con Mónica tuviera un engranaje perfecto.

Así que después de concebir a Maya, se casaron.

El matrimonio estuvo envuelto de armonía hasta que Mónica tuvo que cumplir sus compromisos en el exterior.

La separación, los viajes apurados para compartir y los planes que no podían concretarse, provocaron que se fracturara la relación.

—Mónica, estando en Colombia, le pedía a Henry que fuera más seguido y luego que pusiera allá un negocio con características similares al que tenía en Venezuela, pero allá era muy difícil. Él lo intentó, pero no era lo mismo. Además, su pasión era Venezuela.

Francisco Contreras es, de los tres amigos de Henry, el más tímido. Habla poco. Se limita a completar detalles que quizás a Carlos o a Luis Carlos se le pasan por alto.

A pesar de que para Mónica el tiempo que compartía con Henry en Colombia no fue suficiente, lograron viajar mucho por esas tierras.

—Cada vez que tenían oportunidad, y que Henry iba a Colombia, ellos viajaban. Iban a Cartagena, iban a una posada en la selva. Ellos hicieron bastante turismo interno porque, además, eso era lo que les apasionaba a los dos.

Pero no fue suficiente y la relación terminó por quebrarse.

Gestionaron el divorcio, pero todo quedó estacionado en la separación de cuerpos. Nunca firmaron el acta final, ese papel que certificaría que ya no estaban casados. Así que cuando fueron asesinados, aún eran un matrimonio.

—Hay una anécdota que Henry contaba. Una de las veces que fueron a los tribunales, a las diligencias del divorcio, el taxista que los llevó les preguntó que si de verdad ellos se iban a divorciar, porque la actitud que tenían estaba muy lejos de parecer la de una pareja que quería separarse. Henry se reía y, pues, detallaba que en el carro iban muertos de amor, abrazados y besándose. Ellos nunca dejaron de quererse. Aunque estaban separados, se amaban mucho.

A pesar de saber lo mucho que se quería la pareja, ninguno de los tres amigos apuesta por la tesis de la reconciliación.

—Ellos tenían una muy buena amistad. Siempre compartían juntos los momentos importantes, como cumpleaños, diciembre y eso; trataban de estar juntos por Maya. Mónica era muy abierta en ese sentido.

—Para nosotros era normal que Henry nos dijera: mira, me voy con Maya y Mónica para Los Roques. Era algo que se definió entre ellos y los únicos que sabían eran ellos.

—Tenían muy buena relación. En esos momentos, ellos parecían pareja. No se puede afirmar que estaban en una reconciliación, pero sí se la llevaban muy bien. Pudiera ser que estuviera planteado, pero no lo podemos afirmar.

***

Carlos y Francisco recuerdan a Mónica con cariño, como el complemento de Henry.

—Era una mujer superamable y servicial. Una vez ella llegó de trabajar, era tarde y estaba cansada, se le notaba, y sin embargo, me saludó con tanto cariño y me dijo: "Carlitos, tranquilo, ya voy a preparar la cena, no te vayas". Y se puso a cocinar. Luego cenamos todos. En la casa siempre había mucha armonía.

—Eso es verdad. Yo una vez llegué como a las 9 de la noche. Ella ya estaba acostada porque había tenido un día fuerte de grabación, y cuando supo que era yo, se levantó, me saludó con muchísimo cariño, y me dijo: "Francisquito, quédate un rato, ya te voy a preparar la cena. Yo sé que tu mamá está enferma". Y se puso a hacer la cena de cero, no era que tenía la comida hecha; no, fue que se puso a cocinar desde el principio. Era una mujer superamable.

La nueva pasión deportiva de Henry era la natación. Cuando comenzó 2013, él decidió entrar al centro deportivo Eugenio Mendoza, ubicado en el municipio Chacao de Caracas. Quería aprender a nadar bien, para entonces alternar la bicleta montañera con esta nueva disciplina.

Así comenzaron sus entrenamientos de noche.

Seis meses más tarde, un grupo de nadadores avezados, todos amigos de Henry, decidieron refundar el club que se había bautizado como Máster Chacao y que hasta ese momento había estado suspendido. Se trata de una comunidad de deportistas cuyas edades oscilan entre los treinta y cinco y los cuarenta y cinco años. Henry se entusiasmó y, a pesar de su poco nivel, se unió a los entrenamientos que ahora eran en las mañanas.

La relación del equipo con Henry engranó tanto, que apenas decidieron nombrar a los líderes, lo escogieron como vicepresidente del club de nadadores.

—Cuando llegó no nadaba muy bien, pero su progreso fue asombroso. Tanto que justo después de la refundación, el grupo de cincuenta adultos, que se acreditó en el equipo, decidió entrenar para nadar tres kilómetros en aguas abiertas. La competencia se disputaría en Cumaná. Al comienzo fue muy fuerte porque los entrenamientos eran muy largos y exigentes y hacía un mes solamente que él había terminado de conseguir una buena base natatoria como para empezar a entrenar. Y por supuesto, una de las cosas que más le atraía era la relación con sus compañeros, la amistad, el grupo, el equipo, todo eso... Eso lo llevaba a que, por más duro que fueran los entrenamientos, gozara con el equipo. Eso para él era impagable, así que él se metía en los entrenamientos y lo hacía igual que los demás.

Fernando Díaz, el entrenador de Máster Chacao, recuerda a Henry con respeto, cariño y tristeza. Él fue el encargado de hacer que esas cincuenta personas, incluyendo a Henry, entrenaran fuerte durante junio, julio, agosto y septiembre para llegar al campeonato nacional de Aguas Abiertas en octubre.

—Cuando íbamos en el avión, me tocó sentarme con él

y ahí me contó que dos veces lo habían tratado de robar, que en una de esas le dieron un tiro, que se tuvo que ir del país... Más o menos entendí su historia y le eché broma: "¡Tú hiciste todo lo que hiciste, teniendo ese intestino todo remendado!", porque lo tenía remendado. A él le sacaron parte de la piel del glúteo para ponerla en el intestino y remendarlo. "¡Tú vas a nadar así, eres un héroe!", recuerdo que también le dije. Él solo se reía.

Fernando admiró a Henry en ese viaje.

—Pero cómo no admirarlo. El tipo era un duro. Pasó por todo eso y no era nadador. Él era deportista, sí; pero una cosa es ser deportista y otra ser nadador. La natación es otro ambiente, el ser humano no está hecho para eso, es un medio acuático... Él aprendió a nadar y luego se puso a entrenar. Es muy elocuente lo que él hizo. Se destacó tanto, que en las competencias en las que participó después de la refundación del club, Henry ganó cantidad de medallas, todas entre oro y plata. Era un duro.

Y sí, sus hazañas solían tener una articulación perfecta. El día que tuvo que nadar los tres kilómetros para el campeonato de Aguas Abiertas en Cumaná, se levantó con aquellos malestares estomacales que desde que lo hirieron se volvieron cotidianos. Solo que este tenía un agravante: la noche anterior había comido un alimento en mal estado.

—El día de la prueba, él se despertó con dolor de estómago. De hecho, el compañero de cuarto, Camilo Carvalo, le dijo que estaba muy pálido, que si estaba seguro de ir a nadar así. Y Henry le dijo: "Mi pana, yo voy a hacer esto porque para eso vine", y lo hizo con un tiempazo.

En la tarde, cuando ya los malestares habían pasado, Henry y Fernando se sentaron a hablar frente al mar.

—Fernando, ¿cuál es el proceso del cruce al río Orinoco?

—Entrenar más duro, porque hay una corriente que te lleva si dejas de nadar un segundo.

—Yo quiero que me entrenes.

—Por supuesto, mi pana. Cuenta con eso.

El cruce sería el 13 de abril, pero Henry no lo logró. A cambio, sus compañeros le dedicaron el trayecto con mensajes que rotularon en sus cuerpos.

Las navidades de Thomas Henry, de Mónica y de Maya fueron en familia.

El 24 de diciembre recibieron al Niño Jesús en la casa de los primos de Mónica; los mismos que, días después, dieron la noticia a los Berry. La pasaron bien. Fue una noche acogedora.

El 25 de diciembre la celebración siguió, pero esta vez en la casa de Thomas y Carole, los papás de Thomas Henry, pues la navidad en Inglaterra se festeja ese día. El día fue más íntimo y Maya tuvo otra oportunidad para actuar frente a su familia.

—Eso lo sacó de la madre, digo yo. Siempre quiere hacer el show frente a la familia. Maya es muy despierta.

Carole la recuerda y, rápidamente, se dibuja una sonrisa tierna en su rostro. Son recuerdos de armonía, amor, amistad, risas, cantos, vida...

El 31 de diciembre salieron a Mérida.

—Ellos planificaron ese viaje muy apresurado. Querían pasar el año allá, pero todo fue muy atropellado. De hecho, Henry me planteó ir con él. Me dijo: "Fran, búscate una amiga y nos vamos los cinco". Pero ya era de un día para otro y era muy difícil. Así que no los acompañé.

Thomas Henry tenía planes. Quería seguir impulsando el turismo nacional. Tanto que había hecho gestiones para que su compañía pudiera vender boletería oficialmente. Luego buscaba un terreno para construir un hostal para que el extrajero tuviera donde quedarse por los lados de La Guaira. Y lo siguiente sería el transporte propio para el tour.

—Yo recuerdo que estuve en Omaha, eso es en Nebraska, Estados Unidos; y ahí estaba yo haciendo un tour en una bicicleta de dieciocho puestos. Tomé la foto y la subí al Instagram y cuando Henry la vio se volvió loco. Me decía que hiciéramos gestiones para traerla al país. Y yo le dije: "La montamos donde tú quieras menos en Venezuela.

Yo en Venezuela no quiero montar nada". Y él me insistía que en Venezuela, que si yo no me imaginaba esa bicicleta por el centro de Caracas.

Luis Carlos sonríe con nostalgia. Lo extraña. Necesita su abrazo, su voz, su consejo.

—Henry siempre tenía la palabra que uno necesitaba. Era impresionante. Le cambiaba la vida a la gente. Una vez, un mesonero de una discoteca se nos acercó y lo saludó. Henry no tenía ni idea de quién era. El chamo le explicó que hacía unos años habían coincidido en una fiesta los dos como invitados. En esa reunión parece que Henry dijo que no había mejores ganancias para el ser humano que viajar. Y el chamo agarró y se fue a recorrer el mundo, y ese día le estaba dando las gracias porque había cambiado su vida.

Luis Carlos hace silencio. Termina su chocolate caliente. Carlos y Francisco disfrutan el último trago de sus vasos de té de limón. Ya solo queda vacío y nostalgia en el ambiente... Ya es impúdico seguir hurgando en el dolor. Y sin embargo, así de golpe, Carlos y Francisco regresan a la conversación porque necesitan respuestas.

—¿Tú no sabes si el carro en el que iban Henry, Mónica y Maya presentó algún desperfecto? Porque Henry nunca se hubiese parado en esa boca de lobo. Eso, seguro. Nosotros estábamos cansados de viajar con él y te podemos asegurar que él nunca se hubiese parado; él hubiese reventado los rines del carro, pero llega a un sitio seguro. Y más si estaba con su hija y con Mónica.

—La policía asegura que no. Dicen que el carro estaba bien.

—Es muy raro todo.

Otra vez silencio, dolor, dudas.

ⒺⓈⒸⒺⓃⒶ ⑯

EXTERIOR.
CÁRCEL EL RODEO II.
RÉGIMEN ABIERTO.
DÍA.

"Bienvenidos al infierno". La frase golpeaba a todo aquel que llegaba al internado judicial El Rodeo II, levantado en las calurosísimas tierras de Guatire, en el estado Miranda. Pero el puñetazo era todavía más fuerte para quienes entraban a purgar allí sus culpas.

Al enunciarlas sabían que les tocaría sobrevivir a punta de violencia y terror.

La sangre, la droga y las armas eran los mandamientos básicos para la convivencia. Saber matar era la norma. Así, todo el que ingresaba a ese penal sabía que su vida corría peligro, a menos que cumpliera sin equívoco la ley del líder, que en el caso de El Rodeo II eran dos: alias Oriente y alias el Yoifre.

Bajo sus gobiernos había que pagar por muchísimas cosas, pero sobre todo por el derecho a ocupar un espacio, el que fuera, en el penal. A ese impuesto semanal lo bautizaron como "la causa". Sesenta bolívares que podían garantizar la vida, pero no la limpieza, ni la comida, ni la salud, ni más delincuencia.

La guerra, que ese penal enfrentaba, gritaba duro. Las heridas en las torres de vigilancia y en las paredes de los edificios eran pruebas de cargas interminables de municiones que usaban para encarar al enemigo, que dentro de una cárcel podía ser hasta el de la celda de al lado.

Aquellas grietas eran, simplemente, la muestra más clara de abandono. La máxima expresión de impunidad.

***

El 16 de junio de 2011 se produjo en El Rodeo II la mayor crisis carcelaria de Venezuela. De tanta envergadura fue, que la noticia trascendió fronteras y se mantuvo en la boca del mundo por varios días.

Para ese momento, más de mil doscientos reclusos convivían hacinados en dos espacios de la estructura, La Torre y El Anexo, que originalmente fueron construidos para albergar a ochocientos cincuenta hombres.

La Guardia Nacional venezolana intentó controlar acciones violentas que realizaban los presos, pero estos se resistieron y los enfrentamientos armados fueron contundentes. Las barriadas cercanas se unieron a esas disputas y afuera también hubo guerras; menos intensas que las de adentro, pero guerras al fin.

Era difícil dormir de noche cuando arreciaban las contiendas, por miedo a que un proyectil sumara nombres en el cementerio.

Así pasaron veintisiete días de sangre, de llanto, de mucho plomo, de gas lacrimógeno y de fuerza militar. Había disposición y poder de fuego para resistirse a la toma del penal por al menos seis meses. Pero faltó valentía y los líderes se fueron quedando solos. Durante los descansos de las armas, hubo negociaciones. Los líderes perdían fuerza pero no lo asumían, así que decidieron transarse y así, Yorvis Valentín López Cortés, alias Oriente, abandonó el penal con otros setenta y nueve reclusos. Días después, el gobierno venezolano tomó el control total de los espacios.

Nunca se oficializó una versión coherente de cómo fue posible la salida de casi ochenta reclusos sin que los tres mil efectivos de la Guardia Nacional, que rodeaban el perímetro, se percataran. Las versiones extraoficiales dieron cuenta de que el líder del penal había acordado con altos funcionarios del gobierno venezolano esa salida, a cambio de entregarles lo que ellos denominaban "la caleta", que era la gran cantidad de dinero y armas que tenían escondida dentro del penal.

El 13 de julio de 2011 cuando el otro líder carcelario, Yoifre Francisco Ruiz Estanga, alias el Yoifre, se rindió con su grupo y quedó sometido por los militares, fue contundente al confirmar la fuga de alias Oriente con el resto de sus compañeros. Les restregó a las autoridades venezolanas que a su amigo "no lo iban a encontrar nunca".

Dos fiscales del Ministerio Público fueron designados para investigar esa fuga: el fiscal 41 nacional, Franklin

Nieves, y el fiscal 5 del estado Miranda, Víctor González. La cantidad de presos evadidos nunca lo tuvieron claro. Sus estimaciones eran que faltaban entre veinticuatro y setenta y nueve hombres. No lo sabían porque desde hacía tiempo las autoridades del penal no verificaban el número total de internos.

El saldo final de esa crisis penal fue de doce reos y tres guardias nacionales asesinados. Los evadidos y desaparecidos todavía siguen siendo una cifra anónima.

★★★

El 2 de agosto de ese mismo año, las autoridades dieron con el paradero de alias Oriente. Fue recapturado en la población de El Callao, en el fronterizo estado Bolívar. Tenía documentos de identidad falsos y hacía de taxista para burlar a las autoridades policiales.

Mientras capturaban a Oriente, el penal era desalojado. Las puertas se cerraron y un año y medio después fueron reabiertas para presentar la tercera cárcel modelo, después de la Ciudad Penitenciaria de Coro y de El Rodeo III.

Tras el fin de la crisis carcelaria, que fue noticia en el mundo, el presidente de la República para el momento, el fallecido Hugo Chávez Frías, creó el Ministerio de Servicios Penitenciarios que sería dirigido por una de las figuras más emblemáticas de la Revolución Bolivariana, María Iris Varela.

Para julio de 2011, Varela abandonó su puesto como diputada en la Asamblea Nacional de Venezuela para asumir uno de los grandes problemas del país.

Desafiante, se dirigió a los reclusos para hacerles saber que ella sí se encargaría de eliminar las mafias dentro de los penales, poniendo como ejemplo a El Rodeo II, que marcó un hito en la historia carcelaria de Venezuela. Y en dieciocho meses lo cumplió. El 20 de diciembre de 2012, la ministra reinauguró los espacios y anunció la implementación del nuevo régimen penitenciario: prácticas militares, horarios supervisados, uniformes y visitas familiares controladas serían las nuevas normas para los presos.

"El relajo se acabó. Aquí tiene que haber un horario: se levantan en la mañana, toque de silencio en la noche. El que se oponga será castigado de acuerdo a las normas, respetando sus derechos humanos, pero no vamos a aceptar que venga algún privado de libertad a pretender subvertir el orden. Ustedes no están aquí por nosotros, sino por sus propias acciones".

Bajo esos parámetros fueron encarcelados en Rodeo II los seis implicados en el crimen de Mónica y Thomas: Nelfren Antonio Jiménez Álvarez, de veintiún años; José Gregorio Ferreira Herrera, alias el Junior, de dieciocho años; Jean Carlos Colina Alcalá, de diecinueve años; Adolfo David Rico Ágreda, alias Mandolfo, de veintiséis años; Leonard Danilo Marcano, de treinta y dos años; y Franklin Daniel Cordero Álvarez, el Mancha, de veintiocho años.

***

Pero antes de que se tomara la decisión de que los trasladaran a un penal que está fuera del circuito judicial que les corresponde por ser todos del estado Carabobo, en la audiencia de presentación se les ordenó esperar el proceso en la cárcel de Tocuyito, levantada en la misma entidad.

El anuncio llegó con palabras macabras: muerte, sangre, enemigos, descuartizamientos.

"Los vamos a mandar para Tocuyito y ahí los están esperando para matarlos. Ya van a ver lo que es bueno. Como ustedes son malos, ahí van a tener gente mala", repetían los funcionarios con insistencia, afincando con fuerza el terror psicológico.

***

En Venezuela existen veintiséis cárceles que cumplen con la modalidad de régimen cerrado. Eso quiere decir que el Ministerio de Servicios Penitenciarios tiene el control absoluto de esos recintos. Los presos están uniformados. Hay reglas y se cumplen.

Pero además, hay nueve reclusorios con régimen abierto, es decir, son los presos los que mandan.

Son en total treinta y tres las prisiones levantadas en el país.

Tocuyito es uno de los nueve penales que quedan en Venezuela con régimen abierto. Los veintiséis restantes ya fueron controlados por el Ministerio de Servicios Penitenciarios. Claro, eso según información oficial.

Así que en Tocuyito las normas las impone el líder. Si cumples, vives; si no, pues a tiros se paga la desobediencia. Más de dos mil presos están aglomerados en esos espacios, donde además hay un anexo femenino.

Dentro de tanta violencia y podredumbre, hay internos de Tocuyito que tienen comodidades. Mangas de coleo, de rejoneo, salas de juego al estilo casino y discotecas. Muchos están armados y controlan el negocio de la droga. También hay quienes controlan puestos para vender comida y alquilar teléfonos celulares. Estos negocios y placeres no han podido ser controlados por el gobierno nacional y, aunque los nuevos presos sepan de esto, no están autorizados para disfrutar si no cumplen con una iniciación. Pero para los asesinos de Mónica y de su esposo, según les habían dejado saber, no habría tiempo ni para demostrar obediencia. La actriz tenía fanáticos intramuros; y por eso, su muerte sería vengada.

Hubo angustia.

Pero la ministra de Servicios Penitenciarios, Iris Varela, abogó por los siete hombres que esperaban su ingreso a Tocuyito y para preservarles la vida, el martes 14 de enero de 2014 ordenó su traslado al Rodeo II.

Así, a la 2:15 de la tarde, desde Puerto Cabello llegaban ese día Jean Carlos Colina Alcalá, Alejandro Jesús Maldonado, Adolfo David Rico Agreda, alias Mandolfo, y Leonard Danilo Marcano Lugo, alias el gordo Danilo.

El jueves 16 de enero de 2014 ingresaron a Nelfren Antonio Jiménez Álvarez; José Gregorio Ferreira Herrera, alias el Junior; y Franklin Daniel Cordero Álvarez, alias el Manchas.

El 24 de febrero, el Tribunal primero de Control del Circuito Judicial Penal, extensión Puerto Cabello, acusó a distancia a los cuatro primeros por los delitos de presunta comisión de homicidio intencional calificado en ejecución de robo agravado, obstrucción de la vía pública y asociación para delinquir.

El día 3 de marzo de 2014 el mismo tribunal acusó, por los mismos delitos, a los tres restantes, y solo a Nelfren Antonio Jiménez le sumaron porte ilícito de arma de fuego y alteración de seriales del arma.

La fiscal nacional, Narda Sanabria, y el fiscal regional, Wilmer Romero, fueron los encargados de las investigaciones del caso. De los siete encarcelados en El Rodeo II, solo cuatro se conocían porque habían estado juntos cuando cometieron el robo y doble homicidio.

En total fueron diez los detenidos por la muerte de Mónica Spear y Thomas Berry. Ese mismo 14 de enero de 2014, enviaron a la cárcel de Tocuyito a Eva Josefina Armas, de treinta y nueve años; y a un centro de reclusión para adolescentes, ubicado en Naguanagua, estado Carabobo, a los dos menores de edad: Juan y Julio. El tribunal los acusó por los delitos de homicidio calificado, robo agravado, aprovechamiento de las cosas provenientes del delito, resistencia a la autoridad y asociación para delinquir.

ESCENA 17

INTERIOR.
CÁRCEL EL RODEO II.
DÍA.

Cuatro alcabalas de seguridad son los puntos previos para poder ingresar a la cárcel El Rodeo II. Solo en dos están funcionarios de la Guardia Nacional Bolivariana. Una revisión corporal minuciosa es el inicio de los treinta minutos que toma completar el recorrido para, por fin, ingresar al penal.

Nombre, apellido y cédula de identidad quedan plasmados en una lista.

En el segundo punto hay que desprenderse de todos los objetos metálicos que se tengan. Las correas no pueden ingresar, quienes lleven deben dejarlas en un espacio acondicionado para guardar pertenencias.

Después se atraviesa el detector de metales y finalmente dan acceso a la puerta principal del penal. Allí hay funcionarios del Ministerio de Servicios Penitenciarios y guardias nacionales. Ya el cartel que anunciaba que aquello era un infierno no está expuesto en ninguna parte.

Es obligatorio pasar por una tercera revisión corporal exhaustiva, que al ser aprobada, autoriza al visitante a pisar la cárcel. En ese último peaje, están los funcionarios de guardia y custodia del Ministerio. Ellos vuelven a revisar todo y anotan datos personales de cada visitante. Finalmente, la reja de barrotes pesados se abre para dar la bienvenida a lo que ahora denominan "un espacio humanizado".

Un viernes de marzo, en una sala adyacente a la puerta del penal, aguardaban tres de los seis detenidos que, en ese reclusorio, esperan por su condena. Vestían uniforme: mono y franela de color amarillo. Zapatos negros, medias blancas.

Ellos tenían las manos hacia atrás, estaban firmes y alineados. Pegados a la pared. No hablaban. Solo se atrevían a mirarse entre ellos. Pero de pronto, en un acto de rebeldía, los tres alzaron la vista y desafiantes, apuntaron sus ojos hacia los periodistas que querían conocer su versión de lo que había pasado en el kilómetro 194 de la autopista Valencia-Puerto Cabello, el 6 de enero.

El calor agobiaba.

Así estuvieron unos veinte minutos, hasta que los llevaron a una sala de reuniones del área administrativa del penal. Un espacio fresco. Les ordenaron sentarse y ellos obedecieron. Se mantuvieron callados.

Esa mañana, las autoridades del penal escogieron al azar a esos tres implicados en el homicidio de Mónica y de su esposo. Eran Danilo, Nelfren y el Manchas. A los otros cuatro jóvenes (Jean Carlos, Alejandro, José Gregorio, y Adolfo) no les permitieron conversar. Los representantes del Ministerio de Servicios Penitenciarios aseguraron que quienes se habían quedado en sus celdas lo habían hecho porque así lo habían decidido, pero sus compañeros de fechorías, cuando se sintieron confiados ante los extraños, contaron la verdad.

Ese día, los reos hacían labores de limpieza por el patio central, la cocina y la cancha deportiva. Un penal con disciplina. Todos observaron cuando sus tres compañeros fueron llevados al lugar donde sería nuestro encuentro. Sabían que ellos eran los implicados en el caso de Mónica Spear. Eran famosos.

En total fueron cuatro los que ese día se confesaron frente al grabador. El cuarto joven que se unió a la conversación, una hora después, fue José Gregorio Ferreira, un muchacho de dieciocho años, que responde al mote de el Junior. Contaron su versión de lo sucedido. Hablaron de la reunión que mantuvieron ese 6 de enero para planificar el asalto en la autopista, de cómo ocurrió todo, desde la incipiente loma del descanso de la vía y de los tenebrosos juegos de sus conciencias que los obligaron a entregarse y a confesar su responsabilidad. Se negaron a ser fotografiados. Fueron contundentes.

Luego dejaron claro que de los once detenidos, solo seis

tuvieron participación directa en el doble asesinato. Después estuvieron listos, nunca cómodos.

Sus rostros, al principio, eran desafiantes. Querían intimidar. Les costaba conversar con fluidez. Leonard Danilo ponía como barrera a su hijo de ocho años. No quería seguir alimentando un "expediente social" que, según él, le inventaron para que su hijo le tuviera resentimiento.

Ese argumento fue defendido por Nelfren y el Manchas. Ambos tienen hijos y lo que menos querían era seguir haciéndolos sufrir.

ESCENA 18

INTERIOR.
SALÓN DE REUNIONES
DE LA CÁRCEL EL RODEO II.
DÍA.

Nelfren Antonio Jiménez Álvarez refleja humildad hasta
que sube la mirada, rasgada y verde, y desafía. Pero la pose
se resquebraja cuando nadie le demuestra miedo. Ahí en-
tiende que está condenado al encierro y que es osado mantener, en esa sala, su actitud de delincuente.

Se crio con su abuelo en El Cambur. Ahí completó su bachillerato y después entró a trabajar en la asfaltadora Pal-
mer. Siempre estuvo separado de su madre y de sus cuatro
hermanos. Él es el mayor. Le gustó el dinero y no se pre-
ocupó más por estudiar. Pensaba que la facilidad para conseguir lo que necesitaba era estar en la calle, rebuscándose
como fuera.

Cuando tenía diecinueve años se comprometió con Yoana Mendoza Armas. Tuvieron una hija y se mudaron a Morón, a una casita humilde construida a golpe de tablas.

Mientras relataba parte de su vida se estrujaba las manos, hacía pausas y tomaba agua. Estaba nervioso. Los la-
tigazos de su conciencia fueron desdibujando a aquel joven
que quiso retar a sus interlocutores.

—Yo tenía esa pistola era porque me imaginaba que me iban a robar la moto, me entiendes, y bueno se la presté al Gato para el quieto de esa noche.

Sin preámbulos, admitió su responsabilidad en el hecho y rápido se encogió en la silla. No estaba cómodo hablando del tema.

El arma no la compró, no se la robó a algún policía, ni tampoco se la ganó luego de la iniciación a alguna banda. Solo se la consiguió, hacía ya dos años, a un lado de la carretera, allí en el barrio de El Cambur donde vivía.

Titubeando, dijo que durante un tiroteo alguien la dejó abandonada y él, que pasaba en su moto después de que amainara la lluvia de plomo, observó un brillo en el piso que le llamó la atención.

—Me frené y di la vuelta porque vi la pistola. Me la llevé para la casa, pero estaba con la cuestión de que si estaba allí era porque no servía.

En un terreno cercano a El Cambur, varias familias provenientes de Valencia y Puerto Cabello levantaron una invasión. Era, y sigue siendo, el vivo reflejo de la miseria, de la pobreza y de la necesidad que juegan con la familia venezolana. La hicieron llamar Los Naranjos. Tres años tiene de fundado el caserío. Un río los separa de la autopista Valencia-Puerto Cabello.

Allí vivía Gerardo José Contreras Álvarez, alias el Gato. Un joven conflictivo que empezaba a ganarse el respeto de todos en la zona. Estaba diseñando su currículo delictivo con apenas diecisiete años. Él y Nelfren se conocieron en enero de 2013 en El Cambur. Se hicieron amigos y de vez en cuando andaban juntos.

Ese 6 de enero Nelfren estaba desesperado. No tenía dinero porque los nueve mil bolívares que le dieron como aguinaldos en la asfaltadora ya se los había gastado. Empezaba a trabajar el día 23, y la presión de la mujer lo agobiaba. Había que procurar pañales y comida. Así que se fue al mediodía a la casa de su abuelo en El Cambur. Allí podía conseguir algo de dinero para solventar la crisis.

—Ese día fui a donde mi abuelo. El Gato se enteró que yo estaba por ahí y fue para allá. Estuvimos hablando y me dijo que no tenía plata ni nada, y yo tampoco. Entonces me dice: llégate ahora para allá, para Los Naranjos, y vemos qué hacemos. Mi hija no tenía pañales, ¿me entiendes?

Esa tarde estuvo intranquilo. Entraba y salía de la casa de su abuelo. Estaba indeciso, pero resolvió ir. Ya decidido, manoseó su arma, esa que aseguró tener guardada siempre, y se fue a Los Naranjos como había acordado con el Gato. Eran alrededor de las ocho de la noche.

—Cuando me reuní con el Gato fue que llegaron Jean Carlos y el Junior. No los conocía. Yo le pregunté que quiénes eran ellos, y me dijo: esos son unos panas que también están pegaos, para ver qué vamos a hacer. Ahí nos pusimos a contar cosas y decidimos irnos a la autopista a robar. Ellos más o menos sabían cómo era todo y nos fuimos. Éramos seis: el Gato, Jean Carlos, el Junior, el Menor (Juan), Mandolfo y yo.

Cada uno tenía una tarea establecida para robar esa noche. En medio de la oscuridad, se movieron sigilosos por la maleza, como cazadores adiestrados. Cruzaron el río y se ubicaron a pocos metros de la autopista. Allí, el Gato pidió el arma. Él anunciaría el asalto y sometería a quien hiciera falta. Luego, como líder del improvisado grupo, especificó qué haría cada uno.

El Menor Juan, con apenas diecisiete años, era el más arriesgado de todos. Con la venia del Gato, fue él quien decidió colocar la piedra en el camino. Ya era experto en eso de asaltar en la vía.

Para Nelfren era la segunda vez.

—Juan sabía cómo era la cuestión de la piedra, fue y la puso. No te sabría decir el tamaño porque él se fue solo, cruzó la autopista y salió corriendo. Nosotros nos alejamos y ahí mismito pasó el carro y se le reventó el caucho. Se paró más adelante. Era un trayecto como de ciento cincuenta metros. El monte estaba alto. Vimos las luces de lejos y por eso supimos que se había parado. No pasaron ni cinco minutos y se paró la grúa.

El grupo estaba presto para actuar según lo planificado. Hablaron en voz baja y volvieron a analizarlo todo. Tenían poco tiempo para moverse y robar. La adrenalina hizo su parte.

—El Gato me dijo: vamos para allá, dame la pistola que yo pego. Como yo tenía la pistola, porque era mía, se la entregué a él. Después nos ordenó: uno que vigile para arriba y otro para abajo por si viene alguna patrulla de recorrido. Entonces le dije: yo me voy a meter en la grúa. El Junior iba a vigilar el lado derecho y Jean Carlos, el izquierdo. Ahí nos abrimos.

El Gato corrió, se adelantó y con el arma empuñada cantó el quieto. Desafiante y apuntando. De pronto empezaron las detonaciones. Secas, insistentes, perturbadoras.

—Escuché el poco de tiros, pa, pa, pa, pa... Como yo sabía que el Gato era quien tenía la pistola, supe que era él quien estaba disparando. Me metí en la grúa y empecé a revisar. Lo único que saqué fue una linterna, no había más nada. Con la misma nos volvimos a meter al monte. De los dos grueros, uno salió corriendo, que fue el que yo vi. Salió corriendo después del tiroteo, yo me metí en la grúa porque él iba corriendo por ahí para arriba. Nunca lo vi disparar. Mi trabajo era sacar todo lo que estaba en la grúa.

Ninguno supo qué hizo el otro. Todos estaban confundidos por las detonaciones. Además debían irse rápido del lugar y no correr el riesgo de que llegara alguna patrulla.

—Cuando llegamos al río, llegaron Jean Carlos y Mandolfo con una cámara y la cartera. La revisamos y lo que había eran quinientos bolos, más nada. Unas tarjetas que, me imagino, eran de ella. Ahí le quité mi pistola al Gato y le pregunté que por qué los tiros, y él me dijo que el gruero le sacó una pistola. Me dijo: yo no me voy a dejar matar.

Allí estuvieron varios minutos analizando el asalto, los tiros, las ganancias. Acordaron repartir el dinero en efectivo entre todos y vender la cámara.

El Menor Juan se quedó con la cámara Sony para negociarla, y la cartera la dejaron escondida en el matorral, cerca del río. Lo mismo hicieron con la pistola. Todos se fueron hacia la invasión menos Nelfren, que debió cruzar el río para llegar a la casa de su abuelo.

—Yo agarré para mi casa, y al otro día escuché que habían matado a una actriz en la autopista. Me acuerdo de los tiros y dije: no creo que sea esa, porque me hubiesen dicho los muchachos. Entonces lo estaban poniendo por PIN y el gobierno empezó a arrasar con la invasión. Se llevaban mujeres y niños. Entonces me fui de ahí.

Nelfren ya estaba convencido de lo que habían hecho. No habló con ninguno del grupo después. Se regresó a su casa en Morón. No estuvo mucho tiempo allí por la presión que tenía. En su mente retumbaban los disparos de esa noche. Ya no dormía. Estaba desesperado. La mujer supo que estaba involucrado en ese doble crimen. Su actitud lo delataba y por eso lo increpó, pero él siempre se lo negó.

El 9 de enero decidieron huir hacia el barrio El Roble, en el municipio Los Guayos, donde vive la familia de ella. Su madre también comenzó a huir por miedo.

—Mi mamá se fue a la casa de una tía, yo andaba con mi esposa sin plata, sin nada. Ella lloraba y me decía: entrégate.

Los funcionarios del Cicpc estaban cerca de capturarlo. Sabían que estaba involucrado, gracias a los residentes de la invasión y de El Cambur que habían sido retenidos. Incluso hasta varios de sus familiares fueron interrogados.

—Ellos (el Cicpc) se llevaban a mis tíos y los soltaban porque me andaban buscando era a mí. Toda mi familia me llamaba y me decía que me entregara para que no me mataran. La PTJ fue prácticamente por todos mis familiares, y decían que me iban a matar a mí y a mi hija de dos años. Ellos decían: le vamos a dar donde más le duele, en la hija. Si no lo encontramos a él, vamos a pescar a la mujer con la niña. Entonces yo dije: me voy a entregar para que mi familia no esté llevando golpes. Llamé a mi papá que tiene un primo fiscal y le dije: mira, me quiero entregar, pero donde tú me veas y haya un fiscal. No que me vayan a montar en un carro y más adelante muerto. Así fue. Cuadramos hacerlo en el terminal del Big Low y me entregué el 13 de enero.

Ahora dice estar resignado al encierro. Son muchos los años que le toca estar tras esos barrotes. No verá crecer a su hija. Cuando habla de ella, su voz se ahoga y sus ojos se llenan de lágrimas.

—Tengo cuatro hermanos menores. Me sigue una hembra de dieciséis, mi hermanito de catorce, una hembra de siete, y el menor de cuatro. He hablado con ellos rapidísimo, cuando llaman me dicen que me quieren mucho. Yo les digo que se cuiden, que estudien, que cuiden a mi mamá.

Cómo quisiera ver a mi hija. Hoy en día me di cuenta de que no valoré nada. Ojalá pudiera cambiar todo. Yo ni a Caracas había venido; es más, pasé por ahí cuando me traían para acá.

ESCENA 19

INTERIOR.
SEDE DEL CICPC
PUERTO CABELLO.
DÍA.

Puerto Cabello, 13 de enero del año dos mil catorce...

En esta misma fecha, siendo las 08:00 horas de la noche, compareció ante este despacho...

"Prosiguiendo con las actas procesales signadas bajo el número K-14-0114-0048, por uno de los delitos contra las personas (doble homicidio), por cuanto en esta oficina se presentó previo traslado de comisión la ciudadana: Yoana Alejandra Mendoza Armas, con la finalidad de rendir entrevista en relación al hecho, y en consecuencia expone: "Bueno, a mí me trajeron a este despacho, motivado a que mi pareja NELFREN ANTONIO JIMÉNEZ ÁLVAREZ se encuentra solicitado por el Cicpc por encontrarse involucrado en los sucesos acaecidos el día 06-01-2014, en la autopista Valencia- Puerto Cabello, en donde fallecieron la actriz Mónica Spear y su pareja Thomas Berry, y en vista de eso él decidió entregarse el día de hoy en horas de la tarde en el terminal de pasajeros del Big Low Center de esta ciudad, y a mí en lo particular, por ser su pareja, me trajeron para ser entrevistada. Es todo".

SEGUIDAMENTE EL ENTREVISTADO FUE INTERRO-GADO DE LA MANERA SIGUIENTE: **PRIMERA PRE-GUNTA:** Diga usted: lugar, hora y fecha de los hechos. **CONTESTÓ**: "Bueno, él se entregó el día de hoy 13-01-2014 en horas de la tarde, en el terminal de pasajeros del municipio San Diego de esta ciudad". **SEGUNDA PREGUNTA**: Diga usted: los datos filiatorios de su pareja en mención. **CONTESTÓ**: "Él se llama NELFREN ANTONIO JIMÉNEZ ÁLVAREZ, venezolano, natural de esta ciudad, de veintiún años de edad, fecha de nacimiento 17-09-92, estado civil soltero, de profesión u oficio obrero, hijo de Nelson Jiménez y Yorlenis Álvarez, reside en el barrio La Línea, calle Principal, casa sin número, parroquia Morón, municipio Puerto Cabello, titular de la cédula de identidad número V-24.304.645". **TERCERA PREGUNTA**: Diga usted: ¿su pareja, Nelfren Jiménez, ha estado detenido por algún organismo policial en anteriores oportunidades? **CONTESTÓ**: "Solo por operativos". **CUARTA PREGUNTA**: Diga usted: ¿su pareja, Nelfren Jiménez, consume algún tipo de sustancias estupefacientes o psicotrópicas? **CONTESTÓ**: "Nada de eso". **QUINTA PREGUNTA**: Diga usted: ¿su pareja le llegó a comentar en relación al suceso acaecido el día 06-01-2014, en donde falleció la actriz Mónica Spear? **CONTESTÓ**: "El día lunes 06-01-2014 como a las 08:00 horas de la noche salió y no me dijo para dónde iba, luego llegó ese mismo día, pero ya era tarde, todo asustado diciéndome lo siguiente: 'BEBÉ, EN LA AUTOPISTA MATARON A UNA MUJER Y

UN HOMBRE, Y ESTABA TAMBIÉN UNA NIÑITA EN EL
CARRO EN LA PARTE DE ATRÁS QUE ESTABA LLORAN-
DO'. Entonces yo le pregunté que si él tenía que ver con eso
y él me dijo que no tenía nada que ver y nos acostamos a
dormir". **SEXTA PREGUNTA**: Diga usted: ¿su persona le
llegó a preguntar a Nelfren Jiménez de qué manera se enteró de dicho suceso? **CONTESTÓ**: "Él no me comentó más
nada". **SÉPTIMA PREGUNTA**: Diga usted: ¿de qué manera se enteró que su pareja estaba involucrada en los sucesos
donde fallece la actriz Mónica Spear? **CONTESTÓ**: "Bueno,
porque mi suegra me llamó en el transcurso de la semana
diciéndome que Nelfren aparece mencionado en el periódi-
co como una de las personas que estuvo en el hecho, allí fue
que yo le pregunté a Nelfren sobre lo que estaba pasando y
él me respondió: 'BEBÉ, YO NO TENGO QUE VER CON
ESO, SOLO PRESTÉ MI PISTOLA Y LOS MUCHACHOS
MATARON A ESA SEÑORA Y ESE SEÑOR', pero no me
quiso decir más nada". **OCTAVA PREGUNTA**: Diga usted:
¿tiene conocimiento de qué pistola porta su pareja Nelfren
Jiménez? **CONTESTÓ**: "Sé que es una pistola de color negro, pero conozco poco de armas de fuego". **NOVENA PRE-
GUNTA**: Diga usted: ¿tiene conocimiento de cómo su pareja, Nelfren Jiménez, adquirió la referida arma de fuego?
CONTESTÓ: "La verdad no sé, porque yo tengo como tres
años con él y yo esa arma se la veía muy poco, pero no creo
que tenga porte de eso". **DÉCIMA PREGUNTA**: Diga usted: ¿tiene conocimiento de con quién se la pasa actualmen-

te su pareja, Nelfren Jiménez? **CONTESTÓ**: "Él se la pasa con el Feo, Juan, el Gato y con otros más que no conozco cómo les dicen". **DÉCIMA PRIMERA PREGUNTA**: Diga usted: ¿qué grado de instrucción tiene su pareja, Nelfren Jiménez? **CONTESTÓ**: "Él es bachiller y soldador". **DÉCIMA SEGUNDA PREGUNTA**: Diga usted: ¿su pareja, Nelfren Jiménez, posee algún vehículo en particular? **CONTESTÓ**: "Él no tiene nada de eso". **DÉCIMA TERCERA PREGUNTA**: Diga usted: ¿cuál es la conducta de Nelfren Jiménez en el lugar donde reside? **CONTESTÓ**: "Bien, él ni siquiera salía de la casa". **DÉCIMA CUARTA PREGUNTA**: Diga usted: ¿qué vestimenta tenía Nelfren Jiménez el día 06-01-2014? **CONTESTÓ**: "Él cuando salió de la casa a las 08:00 de la noche ese día, salió con un pantalón azul claro como blue jean y una franelilla de color blanco". **DÉCIMA QUINTA PREGUNTA**: Diga usted: ¿en dónde se encuentran las prendas de vestir antes descritas en los actuales momentos? **CONTESTÓ**: "Me imagino que están en la casa donde vivimos". **DÉCIMA SEXTA PREGUNTA**: Diga usted: ¿su pareja, Nelfren Jiménez, porta algún teléfono? **CONTESTÓ**: "No, él no tiene teléfono". **DÉCIMA SÉPTIMA PREGUNTA**: Diga usted: ¿su persona porta algún teléfono? **CONTESTÓ**: "Si, yo tengo teléfono, es marca Samsung, pero está a nombre de mi mamá YELITZA MARIA GUEVARA ARMAS". **DÉCIMA OCTAVA PREGUNTA**: Diga usted: ¿qué llevó a su pareja, Nelfren Jiménez, a entregarse a la justicia y ponerse a derecho? **CONTESTÓ**: "Él se entregó porque no quería ni mal para su hija ni para mí". **DÉCIMA NOVENA PREGUNTA**: Diga usted: ¿cuál era la rutina de su pareja y su persona desde el día 06-01-2014 hasta la presente fecha? **CONTESTÓ**: "Mira, estuvimos en Morón hasta el día jueves 09-01-2014, de allí nos fuimos para la casa de mi mamá en El Roble del municipio Valencia, motivado a que el gobierno había caído en varias casas buscándolo; y él, en vista de eso, me dijo para irnos a la casa de mi mamá". **VIGÉSIMA PREGUNTA**: Diga usted: ¿desea agregar algo más a la presente entrevista? **CONTESTÓ**: "No, es todo". Terminó, se leyó y estando conformes firman.

No fue un interrogatorio fácil. Pero los funcionarios solo pudieron concluir que al principio Nelfren, evidentemente, no le dio detalles a su pareja de lo que hizo. Pero el miedo, la presión familiar y su conciencia lo obligaron a pedirle a ella que llamara a su padre para cuadrar su entrega a las autoridades. Ya en ese punto no había nada que esconder. Su nombre sonaba en todos los noticieros y periódicos del país.

El día que se entregó, su padre también fue llevado a declarar en la sede del Cicpc de Puerto Cabello. Antes de que le hicieran un interrogatorio de quince preguntas, él dejó clara su posición ante el hecho.

Así se pronunció Rafael Jiménez: "Bueno, el día jueves 09-01-2014 yo llegué de mi trabajo a mi residencia ubicada en la urbanización La Isabelica, sector 13, vereda 19, casa número 47, Valencia, estado Carabobo, y como a las 07:00 horas de la noche recibí una llamada telefónica de parte de mi hermana de nombre Belkys Vargas Jiménez, diciéndome que a mi hijo Nelfren Jiménez lo estaban nombrando por la televisión como una de las personas implicadas en el asesinato de la actriz Mónica Spear y su pareja Thomas Berry. Que estuviese pendiente, que la información la iban a pasar en *Venevisión* en El Informador de las 11:00 horas de la noche. Entonces, yo luego de que llegué, me eché un baño y me acosté con mi esposa y mis dos hijas a ver la tele y a esperar para ver si lo que me decía mi hermana era cierto, en efecto cuando estaban pasando El Informador pasaron la noticia y nombraron a mi hijo Nelfren Jiménez como uno de los partícipes en el hecho y a su vez colocaron una foto de él y que era la persona que poseía el arma con la que practicaron el robo a estas personas y con la que le dieron muerte, luego de escuchar la noticia mi esposa, hijos y mi persona quedamos consternados con esa noticia. Quiero acotar que Nelfren vivió bajo mi tutela hasta los diecisiete años de edad, donde estudió, sacó su bachillerato y posteriormente él decidió irse con su mamá de nombre Yorlenis Álvarez, en la población de El Cambur hasta el presente día, y desde que se fue a vivir con ella tuvo un cambio total, a tal punto que yo tenía nueve meses que no sabía nada de él, hasta el día de hoy como a las 3:30 horas de la tarde que yo estaba en mi casa y recibí una llamada telefónica de la esposa de Nelfren de nombre Yoana Mendoza, diciéndome que Nelfren le había pedido a ella que hablara conmigo ya que él se quería entregar pero con un fiscal del Ministerio Público, y en vista de que yo fui chofer de la fiscal de menores y adolescentes del estado Carabobo, doctora Karemis Buaiz, le efectué llamada a la misma y le informé sobre lo que me estaba pasando. Ella, a su vez me dio el número telefónico del Fiscal Superior del estado Carabobo, doctor Hankell, a quien llamé y me puse de acuerdo con él para entregarle a mi hijo, lo cual se materializó en el terminal de pasajeros Big Low Center a las 05:30 horas de la tarde aproximadamente, allí les entregué a mi hijo Nelfren Jiménez al fiscal octavo del Ministerio Público, doctor Wilfredo Romero, quien estaba en compañía de varios funcionarios del Cicpc, luego me trajeron a este despacho para ser entrevistado, es todo".

ESCENA 20

**INTERIOR.
SALÓN DE REUNIONES
DE LA CÁRCEL EL RODEO II.
DÍA.**

José Gregorio Ferreira Herrera, alias el Junior, esconde sus dieciocho años en un infinito halo de adolescencia temprana. Sus ojos son pícaros y audaces.

Desde los dieciséis años está en la calle y desde entonces roba para vivir. Sus primeras plazas fueron las calles de Turmero, estado Aragua, donde vivía con su abuelo. El anciano lo crio y a empujones lo llevó a completar el tercer año de bachillerato. Pero el muchacho pudo más y su abuelo dejó de insistir en una crianza honesta.

Junior se enorgullece de su audacia para planificar asaltos, el que sea. Él fue el asesor del Gato para el robo de la autopista. En la tierra hizo el esquema y distribuyó funciones.

—A mí me dan el lado derecho de la autopista. Yo tenía que estar pendiente de que no fuera a venir ningún carro. Ahí estuvimos esperando hasta que se paró el carro. Nadie sabía quiénes eran ellos, ni sabíamos que estaba esa gente ahí ni nada. Tampoco sabíamos que el chamo que estaba con nosotros iba a disparar. Nosotros íbamos era a robar, un quieto y ya. Quedamos más bien paralizados, nadie sabía qué hacer. El Gato disparó porque el señor de la grúa vio las señales de nosotros cuando íbamos a pegarle el quieto, estaba del lado del chofer, ya había montado el carro y broma. Entonces el señor de la grúa sacó un arma y soltó el disparo. Un solo disparo. Ahí fue cuando el Gato se fue pa'lante a disparar. Entonces nosotros nos quedamos así paralizados.

Pero la adrenalina les dio impulso para salir del trance y cumplir con el cometido. Mientras el Junior y Jean Carlos vigilaban los costados de la autopista, Nelfren revisaba la grúa. El Gato, el Menor Juan y Mandolfo se montaron en la plataforma para inspeccionar el carro que había recibido los disparos.

—Al gruero no lo vi corriendo. El ayudante se lanzó al piso. El chamo que estaba dentro del carro más bien habló y todo. Él dijo: tranquilo, chamo, y abrió la puerta de atrás, con el brazo hacia atrás. Como él habló, nadie sabía que estaba herido. Después nos fuimos. Al rato llegó el Gato con el Menor Juan y la cámara. Yo le dije: chamo, no mataste a nadie; y él me dijo que no, a lo mejor heridos, pero que no había matado a nadie. Es que nadie sabía, ni a la niña la vimos tampoco.

Era la primera vez que el Junior robaba en la autopista. Aseguró que fue invento del Menor Juan, quien ya era experto en ello. Tenía un año viviendo con su madre en la invasión, en un sector que le dicen Ciudad Bendita. Prefirió separarse de su abuelo, porque era muy evidente su participación en robos y no quería más riesgos.

—Yo estaba tranquilo, más bien estoy con la broma de la milicia y ese día estaba de permiso. Cuando nos reunimos, nos pusimos a inventar y salió el Menor y dijo: vamos a la autopista y broma. Después de todo, nosotros nos entregamos porque estaban agarrando a mucha gente.

El Junior se sintió acorralado días después del crimen. Justo el viernes 9 de enero se fue a esconder a un matorral cerca del río, en El Cambur. Todos los organismos de seguridad habían cercado la zona y revisaban casa por casa. El miedo siempre fue su mayor enemigo y ya lo había traicionado.

Su madre, Lisbeth Ferreira, comenzó a buscarlo desesperada. Tenía la sospecha de que algo había pasado con él. Ese mismo día lo encontró refugiado por el río. Hablaron y el muchacho le confesó que quería entregarse a las autoridades. Le aseguró que no tenía nada que ver con el doble homicidio, pero que quería contar lo que sabía. Ella no quedó convencida del todo. Sabía que su Junior sí estaba involucrado. Dos días después, el lunes 11, lo entregó al Cicpc de Puerto Cabello. Compartió el fin de semana con su hijo, lo aconsejó y le confesó que lo amaba. También le pidió perdón. Su culpa: haber criado a un delincuente.

ESCENA 21

**INTERIOR.
SEDE DEL CICPC
PUERTO CABELLO.
DÍA.**

11:20 minutos de la mañana del lunes 11 de enero de 2014.

Lisbeth Ferreira comparece ante el despacho del Cicpc de Puerto Cabello en compañía de su hijo José Gregorio Ferreira Herrera, de dieciocho años, alias el Junior.

"Manifestó no tener impedimento alguno en rendir entrevista relacionada con las actas procesales signadas con el número de expediente K-14-0114-0048 que se instruye ante este despacho por uno de los delitos contra la propiedad y las personas (robo-homicidio), en consecuencia expone libre de toda coacción lo siguiente: Resulta que el día viernes 03-01-2014, a eso como de las 2 de la tarde aproximadamente, llegué a mi residencia en compañía de mis tres hijos: JOSÉ LUIS, de catorce años; CLEMENTE ALEXANDER, de quince años, y JOSÉ GREGORIO FERREIRA HERRERA, de dieciocho años. Veníamos de viaje, y al día siguiente el joven Jean Carlos Colina fue a buscar a mi hijo José Gregorio Ferreira Herrera para que le arreglara una moto. Allí se fueron como a las 08:00 horas de la mañana, regresando como a las 06:00 de la tarde lleno de grasa. Al día siguiente, el 05-01-2014, a eso de las 07:00 horas de la mañana, Jean Carlos volvió a buscar a mi hijo en una moto y se fueron. Luego regresó ese día a eso de las 05:30 horas de la tarde. Entonces el lunes 06-01-2014 me levanté temprano pero amanecí sin gas. Le dije a mi hijo José Gregorio que me lo comprara. Luego mi hijo salió como a las once de la mañana a buscar a Jean Carlos para que le cancelara el dinero que le debía de la reparación de la moto. Llegó como a las 07:15 horas de la noche. Posteriormente me acosté como a las 09:00 horas de la noche, y en la mañana del 07-01-2014 vi el short de mi hijo José Gregorio encima de la cama y pensé que se había ido de nuevo. Ese día se iba mi hermana Zuleima Ferreira y yo la acompañaría hasta el terminal. En momentos en que íbamos saliendo, vimos a varias comisiones de la policía municipal por todo el barrio. Allí me enteré sobre un suceso donde había fallecido una artista y su esposo, en la orilla de la autopista en El Cambur. Allí me empecé a preocupar ya que mi hijo no aparecía y Jean Carlos es uno de los que se la pasaba robando busetas y colocándole obstáculos a los carros en la noche, en el hombrillo de la autopista. Encontrándome en el terminal de pasajeros, me llamaron y me dijeron que habían detenido a mi hijo José Gregorio Ferreira y lo tenían en la policía municipal. Me fui para el comando de la policía y allí me dijeron que no lo tenían detenido. Luego me enteré que tenían detenido en el Cicpc era a Jean Carlos y a otro que le dicen Pique, no recuerdo cómo se llama. Ya el viernes

09-01-2014 como a eso de las 04:00 horas de la tarde fui a buscar a mi hijo José Gregorio Ferreira por el río de la población de El Cambur, encontrándolo allí y le pregunté por qué estaba huyendo, y él me respondió que se había ido corriendo con Jean Carlos y otros muchachos para el río, asustados, luego me dijo que se quería entregar, que él no tenía nada que ver con todo esto. Me insistió que se quería entregar y quería contar todo lo que sabía. Posteriormente me lo traje a este despacho y se lo entregué a la brigada contra Homicidios del Cicpc".

ⒺⓈⒸⒺⓃⒶ ②②

INTERIOR.
SALÓN DE REUNIONES
DE LA CÁRCEL EL RODEO II.
DÍA.

Leonard Danilo Marcano, alias el gordo Danilo, tiene treinta y dos años y ya no está pasado de peso. Desde que lo
arrestaron no probó bocado. Dice que no puede comer, que
el encierro no le da hambre. Que quiere justicia. Que es
inocente.

—Yo era gordísimo, por eso salgo reflejado como el gordo Danilo. Aquí me voy a volver loco. Yo digo: okey, está
bien, hagan justicia, no mataron a cualquier persona, pero
también tienen que ver a quién implican por sus
caprichos.

Danilo aseguró no tener nada que ver con el doble homicidio. Nelfren y el Junior así lo certifican. Dijeron ha-
berlo conocido apenas llegaron a El Rodeo II. No antes.

A Danilo, el encierro lo desespera tanto que no se queda
tranquilo ni un momento. No puede pararse y caminar. La
orden es permanecer sentado. Solo puede tomar agua o

café, según su preferencia. Así que trata de drenar el exceso de desasosiego llevándose las manos a la cabeza, temblando y escupiendo ideas. Quiere explicar todo de una vez. Quiere convencer a todos de que no participó en los hechos. Que no es líder de ninguna banda.

Estar en el penal, como un asesino más, se lo atribuyó a un primo de su exesposa, que es funcionario del Cicpc en Puerto Cabello, y con quien tuvo problemas, varios años atrás.

Con ese policía, cuyo nombre no quiso pronunciar, tuvo diferencias por un trabajo en Puerto Cabello en 2008. Danilo era dinamitero y sindicalista en las obras de construcción del ferrocarril. El primo de su exesposa aún no era funcionario del Cicpc cuando le pidió trabajo. Como no pudo ayudarlo en ese momento se hicieron enemigos y comenzó a amenazarlo de muerte.

Con mucha precaución Danilo se movía por las calles, quería evitar un problema mayor con el sujeto que, un año después, se formó para ser efectivo de la policía científica.

El día del doble homicidio, Danilo aseguró estar en Puerto Cabello en la agencia del banco Banesco retirando dinero en un cajero electrónico. Y así lo certifican las grabaciones de seguridad que hizo el banco esa noche. Se enteró del hecho al día siguiente, cuando se levantó, y la hija de su novia Tatiana se lo notificó.

—En la mañana cuando me paro, la hija de Tatiana me

dice: mira, Danilo, en Twitter dicen que mataron a una actriz en El Cambur. Y yo dije: berro, en sendo problema se metieron esos chamos. Salí a comprar carne para la fiesta del hermano de mi novia, que es Guardia Nacional, porque nos íbamos a reunir en Tocuyito.

Mientras Danilo hacía la diligencia, los organismos de seguridad tenían tomado el barrio El Cambur. Él vivió allí con su expareja y su hijo de once años. Tras su separación, se mudó a Puerto Cabello con Tatiana, una joven administradora del peaje de Boca de Aroa.

Cuando estaba en la fiesta de su cuñado militar, recibió una llamada en su teléfono celular. Eran las 7:10 de la noche del 7 de enero. Era su hijo.

—Me dijo: papi, andan por aquí los helicópteros y hay un operativo fuerte, y entraron para la casa. Mi hijo dice que él arrancó a correr asustado y los PTJ se le pegaron atrás y se metieron en la casa. Le preguntaron qué llevaba en la mano y les dijo que era el teléfono. Ellos se llevaron a mi hermano. Terminé de hablar con mi chamo y de la nada se formó el operativo en Tocuyito y me agarraron a mí en la fiesta.

Cuando lo trasladaron al patio trasero de la delegación del Cicpc de Puerto Cabello, vio que otras ciento cincuenta personas más, estaban también detenidas. Nunca lo mantuvieron esposado y el rato pasó entre conversaciones con efectivos de la policía científica que lo conocían.

—Yo soy babalao (máximo jerarca de la santería) y conozco a muchos PTJ. Me decían que me quedara tranquilo y así estuve hasta el día 8 de enero como a las 6 de la tarde que me sacan del patio y un funcionario que estaba ahí me dijo: sabes qué, tengo tres días sin dormir, y le digo: qué tengo que ver con eso. El tipo me dice: yo tengo que darle respuesta al gobierno de las personas que tengo que mandar para allá, y son seis o siete y no tengo a más nadie, así que tú vas como uno de esos.

A Danilo se le desdibujó la tranquilidad.

Confundido, se atrevió a pedir una explicación. Pero solo recibió una afirmación: "Te quedas preso y no tienes derecho a nada".

Lo mantuvieron aislado del grupo de personas retenidas que aún permanecían en la delegación. Danilo no pudo defenderse. Su única opción era un milagro de sus santos. Ese todavía lo espera.

Pasó un rato, y el mismo funcionario que lo escogió al azar para darle respuestas al Gobierno, lo encaró de nuevo y mientras lo empujaba para una de las habitaciones dispuestas en la delegación, le dijo que se preparara para la cárcel.

—Me metieron en un cuarto donde había un televisor. El PTJ me dice: ya te vas a ver ahí. Cuando me pongo a ver el televisor dicen los homicidas de Mónica Spear, y salgo yo ahí. Me pusieron como jefe de banda, como que yo había trasladado a los asesinos en mi camioneta.

Al escuchar aquello, perdió el equilibrio y la fe. Solo lloró y pensó en su familia.

La camioneta de Danilo, una Ford F-150 de color negro, placas A36A-D8U, fue incautada un día después de que lo detuvieran en Tocuyito. Estaba en la casa de su novia Tatiana en Puerto Cabello. Como ella no quería entregar las llaves, los funcionarios que la fueron a buscar le partieron los vidrios para abrirla. Finalmente cedió y la entregó. Tatiana tenía miedo de que la policía sembrara algún elemento que comprometiera todavía más a Danilo. Por eso registró el procedimiento en video y tomó fotografías.

—Yo más bien pensé que me iban a sembrar algo. Gracias a Dios no pusieron nada. Le hicieron la experticia y no encontraron nada, después la devolvieron. Esa camioneta está a nombre de Juan Carlos Sandoval, mi padrino de santería. Como los funcionarios no tenían nada que poner en el expediente para mancharme, dijeron que yo había trasladado a esos muchachos en mi camioneta, y que yo iba a comprar la cámara que se robaron en doce mil bolívares. Si yo soy jefe de la banda, por qué los mando a robar y después compro la cámara. No entiendo.

Oficialmente, el 8 de enero Danilo fue encarcelado en la delegación del Cicpc en Puerto Cabello, mientras los funcionarios, más de cincuenta, seguían buscando a los implicados.

Un día antes habían apresado a Eva Josefina Armas, de treinta y nueve años, dentro de su residencia en la invasión. En esa casa, los seis jóvenes se habían reunido la noche del 6 de enero para planificar el robo.

Los funcionarios del Cicpc encontraron en el baño la cámara que le habían robado a Mónica y a Thomas, una Sony Profesional, modelo SX200.

Fue un hallazgo fortuito, sorpresivo. Los efectivos habían revisado cada una de las casas del barrio. En la de Eva, ya cuando estaban a punto de irse, encontraron la cámara digital que estaba en el tanque de la poceta.

Cuando la revisaron, descubrieron las fotografías que se había tomado la pareja durante su viaje.

Mientras la mujer asumía estar sorprendida por el hallazgo, los funcionarios celebraban porque tenían un indicio claro para resolver el doble homicidio en tiempo récord.

Ese día se llevaron a Eva y a su hijo Julio, de quince años. A través de él llegaron a Juan, alias el Menor Juan, el que colocó la piedra en la autopista.

Para el 9 de enero, el Cicpc había arrestado a Eva, a su hijo Julio, al Menor Juan, a Danilo, a Adolfo David Rico, a alias Mandolfo, a Jean Carlos Colina, y a Alejandro Jesús Maldonado, alias el Feo. Todos fueron apresados durante operativos de rastreo.

El 11 de enero, por presión policial, se entregó José Gregorio Ferreira, alias el Junior. Al día siguiente capturaron, en el estado Yaracuy, a Franklin Daniel Cordero, alias el Manchas; y el 13 de enero, se puso a derecho Nelfren Antonio Jiménez. Solo faltaba uno, el que disparó contra la pareja y los asesinó: el Gato. Hasta el mes de agosto de 2014 no había sido capturado por el Cicpc.

ESCENA 23

INTERIOR.
CÁRCEL EL RODEO II.
DÍA.

Franklin Daniel Cordero Álvarez tiene un lunar que mancha la mitad derecha de su rostro, incluyendo el ojo de ese lado. De allí el remoquete que lo bautiza como el Manchas. Él es, además de un peligroso asesino, hermano de Gerardo José Contreras Álvarez, alias el Gato.

Al desafiante joven no le gusta hablar mucho de su pasado. De hecho, prefirió obviar detalles de su vida delictiva.

El Manchas recién había cumplido veintiún años cuando decidió ser un delincuente. Tenía el camino trazado gracias a su hermano mayor, quien fue asesinado en el 2012. Vivió en un hogar rebosado de violencia y abandono, quizás por eso cursó solo hasta quinto grado.

El barrio donde creció en Puerto Cabello se llama El Polvorín. Sus padres se separaron y él se quedó a vivir con su papá y tres hermanos. Enemigos de su hermano mayor atacaban su casa con frecuencia. Incluso un día casi matan a su padre cuando estaba parado en la puerta de la vivienda.

—Yo empecé en esto por muchos problemas. Es una historia larga. Unos problemas que tenía mi hermano mayor, llegaban buscándolo a la casa, le caían a plomo a la casa. Yo veía todo eso, cómo se metían con la familia. Me fui llenando de rencor.

La mamá abandonó el hogar y consiguió una nueva pareja. Con ese hombre tuvo otro hijo, el Gato. Vivían lejos y el contacto era poco con sus hijos mayores. Por eso, el Manchas sabía poco de las andanzas de su hermano, hasta que cumplió los dieciséis años y arreció en la delincuencia.

Nunca estuvo junto a su hermano delinquiendo, pero sí supo de los males que cometía. El Manchas siempre actuaba solo porque su idea era vengarse de quienes en su momento le hicieron daño a su familia. Para él no era importante tener una banda delictiva, pues ya se había hecho nombre en la región.

El 12 de enero lo apresaron en Yaracuy, en donde se había radicado con su mujer y dos hijos desde el 31 de diciembre de 2013.

A los dos días de haber ocurrido el doble homicidio, se enteró, a través de la televisión, de que lo habían involucrado.

—Por la televisión me enteré que me habían metido en ese problema. El 8 de enero me nombraron. Salió mi nombre. Imagínate eso. Ya me imaginaba que me iban a involucrar en ese problema. Me quedé ahí mismo en la casa. ¿Al final para dónde iba a agarrar?

El 12 de enero una comisión de inteligencia de la policía de Yaracuy lo capturó. Cuando lo identificaron y le dijeron que estaba requerido por el Cicpc en Puerto Cabello, no se opuso. De inmediato lo trasladaron a la sede de la policía científica.

Cuando decidió irse de Puerto Cabello, lo hizo porque consideraba que debía alejarse de los problemas que había sembrado allí. Con dos hijos, prefirió apartarse del mundo delictivo y rehacer su vida. Además, estaba siendo requerido por varios homicidios y no quería arriesgarse.

En su expediente figuran tres homicidios y dos dobles homicidios. Uno de estos últimos: el de Mónica y Thomas. De esas siete víctimas que carga a cuestas, solo admite el asesinato de tres.

Sabe que su estadía en la cárcel será larga por los crímenes que cometió. Si lo libraran de la culpa en el caso de Mónica, los cuatro expedientes anteriores lo atan a los barrotes del penal.

—Yo no he matado a ese poco de gente, solo maté a tres. Cada vez que había problemas, todo lo que pasaba me lo ponían a mí. Supuestamente yo tenía una banda, pero eso no era así. Yo andaba solo, vivía solo. Por eso me fui de ahí, porque todo lo que pasaba era yo… Mi primer muerto fue un chamo menor que yo. Me agarraron preso y me llevaron al comando. Había varios chamos en la celda y me dejan en un pasillo. Un chamo desde la celda me decía vainas y me escupía. Me soltaron ese mismo día porque no tenía problemas. Pasó el tiempo y yo sabía cuál era ese chamo que me escupió. Me dijeron un día dónde estaba y fui y lo maté. Eso fue en el barrio Ezequiel Zamora.

En el diccionario del Manchas no existe la palabra remordimiento. Su sangre es fría. Está convencido de que los asesinatos que cometió debían ser perpetrados. Eran obstáculos que fastidiaban su camino. Nada más. Cuando habla de ellos sonríe.

De su hermano, el Gato, dice no saber nada. Solo que es malo.

—El Gato está escapado y además tengo a un hermano preso. Nosotros éramos nueve, el mayor ya tiene dos años de muerto. Quedamos ocho, cinco varones y tres hembras. Mi hermano, el que está preso en Tocuyito, es porque le sembraron una droga, se llama Jorge Contreras. También tengo una hermana presa por el mismo problema, Eva Marisela. Ellos eran sanos. A ella la sembraron porque supuestamente la policía municipal me estaba buscando a mí y como no me consiguieron en la casa la sembraron, como metiéndome presión a mí... Ya después que yo salga de esto, tengo que buscar la manera de cambiar, porque caer en esto de nuevo no quiero. Nunca había estado preso. Primera vez. Y veo que la vaina es fuerte.

EXTERIORES.
TODO EL PAÍS.
DÍA Y NOCHE.

Gerardo José Contreras Álvarez, tiene dieciocho años, y lo llaman el Gato. A él se le atribuye la autoría material del asesinato de Mónica Spear y de Thomas Berry.

Hasta hoy, nadie sabe dónde está. Desapareció el mismo 6 de enero de 2014, después del hecho. Los cinco jóvenes que lo acompañaron esa noche lo acusan: fue él quien disparó en ráfagas.

La descripción que dan es genérica: alto, de piel blanca, ojos verdes; altivo, autoritario... Es experto en asaltos a unidades colectivas y no suele tener una plaza fija. Desde el 9 de enero de 2014 las autoridades venezolanas lo identificaron como uno de los presuntos asesinos y miembro de esa banda que atacó a la actriz: *Los sanguinarios del Cambur*.

Ese mismo día, el director del Cuerpo de Investigaciones Científicas, Penales y Criminalísticas, comisario José Gregorio Sierralta, anunció que ya habían detenido a siete personas implicadas en el hecho. El Gato solo estaba identificado. Cuando los funcionarios del Cicpc se enteraron de que él había sido el tirador, arreciaron su búsqueda.

Se enfocaron en capturar a su hermano, el Manchas, creyendo que podían llegar a él más rápido. Hasta el momento no ha sido así.

Los investigadores lograron ubicar a su madre y la interrogaron. Luego quedaron en contacto a través de un teléfono celular. Ella aseguró no saber nada del Gato. Sin embargo, la triangulación de llamadas que hacían los funcionarios de la policía científica daba cuenta de que podían capturarlo en el menor tiempo posible.

—Lo tenemos rastreado y estamos muy cerca. Vamos a llegar a él pronto.

Así de seguros estaban los funcionarios encargados de su detención. Cualquier pista que recibían la estudiaban para sumar evidencias y dar con su paradero.

Pero a pesar de los esfuerzos, el Gato sigue libre y la impunidad ganando batallas.

Mientras tanto, Maya se adapta a una nueva vida sin sus padres: Mónica y Thomas se quedaron dormidos para siempre.